KB263952

이 천국 복음이 모든 민족에게 증언되기 위하여
온 세상에 전파되리니 그제야 끝이 오리라

마태복음 24:14

복음에 미치다

지은이 | 이용남
초판발행 | 2007. 4. 5
62쇄 발행 | 2025. 3.18
등록번호 | 제 3-203호
등록된 곳 | 서울시 용산구 서빙고동 95번지
발행처 | 사단법인 두란노서원
영업부 | 2078-3333 FAX 080-749-3705
출판부 | 2078-3477

● 책값은 뒤표지에 있습니다.
ISBN 978-89-531-0811-0 03230
● 독자의 의견을 기다립니다.
tpress@duranno.co.kr http://www.duranno.com

두란노서원은 바울 사도가 3차 전도 여행 때 에베소에서 성령 받은 제자들을 따로 세워 하나
님의 말씀으로 양육하던 장소입니다. 사도행전 19장 8-20절의 정신에 따라 첫째 목회자를 돕
는 사역과 평신도를 훈련시키는 사역, 둘째 세계선교(TIM)와 문서선교(단행본 · 잡지)사역, 셋째
예수문화 및 경배와 찬양 사역, 그리고 가정 · 상담 사역 등을 감당하고 있습니다. 1980년 12
월 22일에 창립된 두란노서원은 주님 오실 때까지 이 사역들을 계속할 것입니다.

초기 선교사가 들려주는
한국 복음 이야기

복음에 미치다

이용남 지음

두란노

차_례

들어가는 글 | 나는 어떻게 복음 전달꾼이 되었는가

1부 복음이 들어오기까지

나는 어떻게 복음 전달꾼이 되었는가?

"목사님이세요? 선교사님이세요?"

누가 저에게 이렇게 물으면 저는 겸연쩍게 대답합니다.

"예, 저는 선교사입니다. 그런데 '실격된 선교사' 입니다."

그렇습니다. 지금으로부터 20여 년 전, 제가 미국에서 젊은이 사역을 하고 있을 때 신학교 동기생인 이재환 선교사님의 도전을 받고 선교에 대한 뜨거운 마음을 품었습니다. 그리고 서부 아프리카로 선교를 떠났습니다. 그러나 선교사로서 여러 가지 준비되지 못했던 저는 점차 영적인 침체에 빠졌고 결국 병이 나서 선교지를 떠나오게 되었습니다.

척박한 땅, 아프리카에서 철저하게 실패하고 한국으로 돌아온 저는 그리워하던 기도원을 찾았습니다. 그리고 하나님 앞에 무릎 꿇고 기도했습니다. 그런데 눈물범벅이 된 제 눈에 뭔가가 그려지기 시작했습니다. 바로 아프리카 선교지를 찾아주셨던 고마운 한국 성도들의 모습이었습니다. 선교지 사역과 선교사들을 위해 기도해 주시고, 편지와 소포를 보내 주셨던 분들, 직접 선교사가 되어 오셨던 분들의 모습…. 그 순간 좌절과 실패에 눌린 마음이 희망적으로 변하면서 가슴속에 소망이 생겨 나기 시작했습니다.

'그래! 한국의 그리스도인들과 함께 선교지를 방문하자! 그분들이 선교지를 방문해서 주님의 마음을 깨닫게 된다면 그분들을 통해서 아름다운 반응이 일어날 것이다.'

그것을 실천에 옮기기 위해 한국과 가까운 동남아 선교지를 직접 찾아다녔습니다. 영어가 통하면서도 안전하고, 단 한 번도 복음을 들어 보지 못한 미전도 부족들까지 찾아갈 수 있는 곳, 필리핀으로 결정했습니다.

그리고 비전 트립(Vision Trip)이라는 이름으로 주위 분들과 함께 선교지 현장을 돌아다니며 하나님의 마음을 나누었습니다. 선교지에 다녀온 분들은 선교지를 위해서 기도했고, 선교헌금으로 반응했습니다. 그리고 선교사로 헌신하는 분들도 하나둘 생겼습니다.

'모든 분들이 선교지에 갈 수 있다면 얼마나 좋을까?

그렇지만 현실은 그럴 수 없습니다. 이런 고민을 하고 있을 때 하나님께서는 저에게 특별한 장소를 알게 하셨습니다. 바로 서울, 대구, 전주, 광주에 묻혀 있는 선교사님들의 묘지입니다. 왜 그들이 이 역만리 땅을 건너와서 이 땅에 잠들어 있는지를 알면 많은 분들이 선교에 눈을 뜨게 됩니다.

현재는 필리핀뿐만 아니라 베트남, 바울 선교사님이 걸었던 선교행전의 발자취를 따라서 성경과 함께 돌아보는 선교행전(Mission Acts) 투어를 안내하면서 한국 교회 성도들에게 선교가 무엇인지 깨닫게 하는 선교 동원가의 삶을 살고 있습니다.

사실 제가 선교사님들을 본격적으로 연구하게 된 것은 양화진 선교사 묘지를 방문했던 어느 한 분이 선교사님의 삶에 대해 들은 뒤, 그 교회 성도들에게 나눠 달라고 한 것이 시작이었습니다. 그렇게 선교사님들에 관한 이야기를 들은 분들이 연결, 또 연결이 되어 한국 교회 성도들에게 선교 동원 사역을 하게 되었습니다.

언젠가 창원 극동방송 '선교사 열전' 이라는 프로에서 선교사님들에 대한 이야기를 전하게 되었습니다. 당시 제가 알고 있는 선교사님들은 양화진 묘지에 묻혀 있는 선교사님을 비롯해 서울과 경기도 지역에서 사역했던 선교사님들의 이야기가 전부였습니다. 그것을 계기로 저는 우리나라 각 지역에서 사역했던 선교사님의 삶을 알아보게 되었습니다.

전국을 찾아다니며, 그분들의 헌신적이고 희생적인 삶을 정리하면서 얼마나 울었는지 모릅니다. 그 눈물은 선교사님들의 자녀가 죽고, 남편이 죽었다는 슬픔 때문에 흘린 눈물이 아니었습니다. 우리나라가 얼마나 선교의 빚을 지고 있는지, 복음의 빚을 진 민족인 것을 깨닫게 하는 눈물이었습니다. 제가 예수님을 믿을 수 있는 시대에 태어난 것이 감사해서 흘린 눈물이었습니다. 예수님을 구주로 영접하고 감히 제가 주의 종의 길을 가게 된 그 근원이 어디였는지 알게 되어 흘린 눈물이었습니다.

저는 고등학교 1학년 때부터 친구를 따라 교회에 다녔지만 주님을 만나지는 못했습니다. 고등학교 때부터 폐결핵을 앓던 저는 졸업 후 폐결핵 3기가 넘어 각혈까지 했습니다. 그렇게 소망도 없이 죽어가던 저에게 어느 교회 집사님이 삼각산 기도원을 소개했습니다.

"폐결핵으로 죽어 가던 사람들이 기도하다가 살아났어."

그 말은 꺼져 가는 생명을 가진 제게 한줄기 빛이었습니다. 당장 삼각산 기도원을 찾아갔습니다. 그러나 기도원에서는 피를 토하는 저를 받아 줄 리 없었습니다. 하는 수 없이 낮에는 집에서 자고 밤이면 삼각산에 올라가 기도했습니다.

삼각산에서 밤이 맞도록 기도하던 어느 날, 살아 계신 하나님을 만났습니다. 하나님께서는 피를 토하며 고통 속에서 죽어가는 저를 만지셨습니다. 그리고 "사랑하노라" 말씀하셨습니다. 그날 이후 제 병이 나았습니다. 그것은 기적이었습니다….

그 산에서 참 많은 은혜를 받았기 때문에 저는 제 소개를 할 때 "삼각산 파"라고 합니다. 제게 주님을 사랑할 수 있도록 간증을 만들어 준 삼각산! 그래서 지금도 삼각산을 좋아합니다. 어느 날 북악스카이웨이 팔각정에서 제가 기도하던 그곳을 바라보는데, 그때의 감동이 되살아나면서 감사의 눈물이 흘렀습니다.

제가 이렇게 삼각산을 운운하는 것은 주님을 인격적으로 체험적으로 만나기는 했지만 '선교 마인드'(Mission Mind)가 없었다는 것을 강조하고 싶어서입니다.

선교 마인드(Mission Mind)는 교회에 다닌다고 해서, 신학생이라고 해서 생기지 않습니다. 저도 하나님의 특별하신 간섭이 없었다면 선교가 왜 중요한지 깨닫지 못했을 것입니다. 그렇기 때문에 누구보다도 선교 마인드가 없는 분들을 이해합니다.

언젠가 어떤 분이 제 강의를 듣고 나서 이렇게 말했습니다.

"교회 직분상, 선교헌금 봉투가 있어서 할 수 없이 선교헌금을 했는데, 한국 선교의 뿌리에 대해 듣고 나서 처음으로 감동과 눈물로 선교헌금을 했습니다."

또 어떤 장로님은 선교위원회 장로님을 찾아와 용서를 빌었습니다. 교회 선교위원회 장로님이 선교를 하자고 할 때마다 우리 교회에도 할 일이 많고 우리나라에도 할 일이 많은데 왜 다른 나라까지 우리가 도와야 하냐며 앞장서서 반대했는데, 한국 선교의 뿌리에 대해서 듣고 회개했다고 했습니다.

우리가 어떻게 예수님을 믿게 되었는지, 얼마나 많은 선교사님들의 희생적인 삶이 이 땅에 있었는지, 얼마나 많은 그리스도인들이 우리 민족을 구원시키기 위해서 선교헌금을 보내 왔는지를 듣고, 선교가 무엇인지를 깨닫게 된 것입니다.

그렇습니다. 우리가 어떻게 예수님을 믿게 되었는지 그 뿌리를 알고 나면 우리의 생각은 달라집니다. 120여 년의 짧은 기독교 역사 가운데 한국 교회는 분명 많은 축복을 받았습니다. 한국 교회는 복음에 빚진 교회요, 선교에 빚진 교회입니다. 그래서 초창기 한국 교회는 선교의 빚을 갚기 위해 1908년 제주도에 이기풍 선교사를 보냈고,

1913년 김영훈·사병순·박태로 선교사를 중국 산동성으로 파송했습니다. 물론 지금도 한국은 많은 선교사를 파송하고 있습니다.

그럼에도 정말 아쉬운 것은 이 뜨거운 복음의 뿌리를 점점 잊어간다는 것입니다. 이 복음의 뿌리를 알게 되면 그 마음에 불일 듯 선교 마인드가 일어납니다.

우리 민족성에는 신바람이 나면 감동을 받으면 누가 시키지 않아도 자발적으로 행동에 옮기는 저력이 있습니다. 생각이 달라지면 행동으로 반응하게 됩니다. 선교는 깨달음에서 시작됩니다. 저는 그 생각을 전환시키는 선교 동원가입니다.

저는 이 책에서 그 감동을 일으키기 원합니다. 제가 10년이 넘게 나누었던 눈물과 사랑과 감동의 이야기를 이 책에서 나누고 싶습니다. 이 책을 통해 그 깨달음의 장을 열어갈 것입니다.

양화진 선교사 이용남

지금은 아무것도 보이
주님, 메마르고 가난한 땅
저희들을 옮겨와 심으셨
습니다. 주께서 붙잡아 뚝 떨어
고집스럽게 얼룩진 어둠뿐

God's Time Line 〉〉〉

1부

복음이 들어오기까지

01 땅 끝에서의 시작 • 02 카타콤에서 종교개혁까지 • 03 위대한 세기

땅 끝에서의 시작

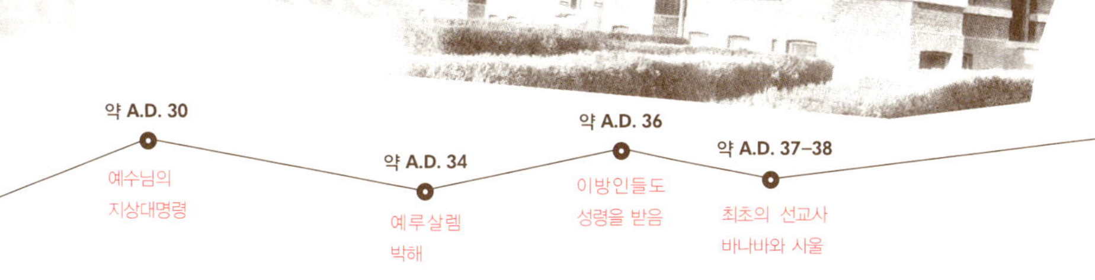

지금 우리가 사용하는 연대 표기는 예수님이 오시기 전과 후를 기준으로 한다는 사실을 알고 계실 것입니다. 연대 표기는 B.C(Before Christ)와 A.D.(Anno Domini=In the year of our Lord)로 나뉘는데, 예수님을 믿든지 믿지 않든지 전 세계 지구촌 사람들은 예수님이 중심이 된 이 연대표를 사용하고 있습니다.

오래 전 우리나라는 서기력을 사용하지 않고 단기력을 사용했습니다. 단기력은 단군을 기원으로 역사를 계산한 것이고, 서기력은 예수님을 기원으로 역사를 계산한 것입니다. 서기 2007년이면 예수님이 오신지 2007년이라는 뜻입니다. 그렇다면 예수님이 이 세상에 태어나셨을 때, 예수님이 십자가에 피 흘려 돌아가시고 부활하신 후 모든 민족에게 복음을 전하라는 명령을 내리셨을 때도 우리 민족은 살고 있었을까요?

물론입니다. 우리 역사는 반만 년, 즉 5천 년이 넘는 역사를 가진 민족이니까요. 예수님 오시기 57년 전에 신라가 태동했고, 예수님 오시기 37년 전에 고구려가 건국되었고, 예수님 오시기 18년 전에 백제가 세워졌습니다. 주님이 십자가에서 구원의 역사를 이루신 후, 모든 민족에게 가서 제자를 삼으라고 위임 명령하셨을 그때, 우리는 삼국 시대를 지내고 있었습니다.

우리나라는 5천 년 유구한 역사를 자랑하지만 하나님을 알지 못한 채 살았습니다. 그런데 어떻게 우리가 예수님을 알게 되고 하나님의 자녀가 되었을까요? 우리 민족이 예수님의 자녀가 되는 꿈같은 시작은 언제부터일까요? 내가 어떻게 감히 하나님의 자녀가 되어 이같은 기쁨을 누리고 살게 되었을까요? 누가 제일 먼저 예수님을 영접했을까요? 우리나라에 처음으로 복음을 들고 온 사람은 누굴까요? 말도 통하지 않았던 우리 민족에게 어떻게 복음을 전했을까요?

우리가 지금 예수님을 알게 된 것은 120년 전에 수많은 선교사님들이 목숨 걸고 이 땅에 들어와 복음을 전했기 때문입니다. 결코 우리 민족 스스로 예수님을 믿은 것이 아닙니다.

여러분, 지금 우리가 이 땅에 태어나서 복음을 누리는 것이 얼마나 놀라운 은혜인지, 하나님을 믿을 기회가 주어졌다는 그 자체가 얼마나 큰 기적인지, 지금 이 시대에 살고 있다는 것이 얼마나 큰 축복인지 생각해 본 적이 있습니까? 한국 교회가 기독교 역사에서 전무후무한 '선교에 성공한 나라'라고 생각해 보신 적이 있습니까? 우리 집 주위에 교회가 있다는 사실에 감사해 본 적이 있습니까?

저는 아프리카 모슬렘 지역에서 선교 사역을 할 때 곳곳에 모스크(이슬람교의 예배당)가 있는 것을 보면서 우리나라의 시골 작은 마을에도 교회가 있다는 사실에 얼마나 감사했는지 모릅니다.

안전지대를 떠나라

불과 120년 전만 해도 우리 선조들은 복음을 들어 보지도 못한 채 이 세상을 떠났습니다. 우리가 주 안에서 이 감격을 가지고 살아가는 것이 감사하지만 한편으로는 이 복음이 우리 선조들에게 늦게 전달된 것이 지금도 안타깝기만 합니다.

어느 주일학교 선생님이 저에게 이런 질문을 했습니다. 자기가 가르치는 어떤 학생이, "1592년 임진왜란이 일어났을 때 우리나라를 구한 이순신 장군은 예수님을 알지 못했는데 천국에 갔나요? 지옥에 갔나요?" 이렇게 질문을 했는데 어떻게 대답해야 하느냐는 것이었습니다.

저는 그 선생님에게 이렇게 말해 주었습니다. 그 학생 앞에서 답을 찾아주기 전에 "그때는 우리 민족에게 선교사님이 오시지 않았단다." 라고 말하며 눈물을 흘려 달라고 말입니다. 우리 민족에게 복음이 늦게 들어온 것은 정말 가슴 아픈 일입니다.

부활하신 예수님이 이천 년 전 하늘로 올라가시면서 "모든 민족에게 가서 복음을 전파하라. 땅 끝까지 이르러 내 증인이 되라" 고 말씀하셨는데, 도대체 복음이 왜 이렇게 더디게 전파된 것일까요? 아직도 복음을 듣지 못하고 죽어 가는 미전도 종족이 많다고 하는데 그 이유는 어디 있을까요?

저는 그 이유를 알고 싶었습니다. 그 뿌리를 찾아보고 싶었습니다. 그것은 성경과 기독교 이천 년 역사 가운데서 쉽게 찾을 수 있었습니다.

"이 천국 복음이 모든 민족에게 증언되기 위하여 온 세상에 전파되리니 그제야 끝이 오리라" (마태복음 24:14)

주님은 부활하시면서 12사도와 그리스도인들에게 이렇게 말씀하셨습니다.

"오직 성령이 너희에게 임하시면 너희가 권능을 받고 예루살렘과 온 유대와 사마리아와 땅 끝까지 이르러 내 증인이 되리라" (사도행전 1:8)

예수님은 하늘로 승천하시기 전, 마지막으로 제자들에게 온 천하에 다니며 만민에게 복음을 증거하라고 간곡하게 말씀하셨습니다. 이 말씀은 예루살렘을 떠나서 유대와 사마리아 땅 끝까지 가라는 주님의 명령이었습니다. 우리는 이 명령을 '지상 대명령(The Great Commission)'이라고 부릅니다. 이것은 주님의 마지막 위임 명령입니다.

예수님은 제자들에게 그 위임 명령을 감당하기 위해 성령으로 충만하라고 하셨습니다. 오순절에 제자들은 성령으로 충만했습니다. 그러자 권능의 역사가 나타났습니다. 병든 자가 고침을 받고, 앉은뱅이가 일어나고, 죽은 자가 살아났습니다. 또한 예수님의 십자가의 도와 부활의 도가 온 예루살렘에 선포되면서 3천 명, 5천 명이 예수님께로 돌아왔습니다.

"…그 날에 예루살렘에 있는 교회에 큰 박해가 있어 사도 외에는 다 유대와 사마리아 모든 땅으로 흩어지니라" (사도행전 8:1)

그러나 문제는 제자들이 예루살렘에서만 복음을 전했다는 것입니다. 예수님은 제자들이 성령의 권능으로 예루살렘과 유대와 사마리아와 땅 끝까지 이르러 증인이 되기를 원하셨습니다. 그런데 예루살렘을 떠나지 않고 안주하자 그리스도인들을 흩으셨습니다.

복음이 세계 모든 민족에게 증거되지 못하는 첫 번째 장벽은 그리스도인들이 본토 친척 아비 집을 떠나지 못하고 안주하기 때문입니다. "떠난다" 는 것은 결코 쉬운 일이 아닙니다. 그러나 떠나면 역사가 일어납니다. 예수님이 고향 나사렛을 떠나 이방인의 땅에 거했을 때 이방 사람들이 빛을 보았습니다.

"예수께서… 나사렛을 떠나 스불론과 납달리 지경 해변에 있는 가버나움에 가서 사시니… 스불론 땅과 납달리 땅과 요단 강 저편 해변 길과 이방의 갈릴리여 흑암에 앉은 백성이 큰 빛을 보았고 사망의 땅과 그늘에 앉은 자들에게 빛이 비치었도다 하였느니라"(마태복음 4:12-16)

우리가 이렇게 아름다운 간증을 가지고 구원받은 백성으로 살아가는 것은 수많은 선교사들이 본토 친척 아비 집을 떠났기 때문입니다. 그리고 태평양을 건너 이역만리나 되는 우리 민족 가운데 살면서 복음을 전했기 때문입니다.

선교학에서는 스스로 복음을 전하러 가는 선교를 '자발적인 선교' 라고 말하고, 안주하다가 어쩔 수 없이 흩어져서 복음을 전하게 되는 것을 '비자발적인 선교' 라고 말합니다. 비자발적인 선교는 그리스도인들이 안주하면서 생기는 현상입니다.

역사적으로 보면 그리스도인들에게 안전지대(Comfort Zone)는 없었습니다. 그리스도인들이 안주하면 주님은 핍박을 통해서라도 흩어지게 하셨고 잡혀가서라도 복음을 전하게 하셨습니다(이 부분은 뒤에서 더 설명하겠습니다).

마인드의 장벽, 요나 증후군

"이르되 유대인으로서 이방인과 교제하며 가까이 하는 것이 위법인 줄은 너희도 알거니와 하나님께서 내게 지시하사 아무도 속되다 하거나 깨끗하지 않다 하지 말라"(사도행전 10:28)

예루살렘 교회 성도들은 스데반 집사의 순교 후 예루살렘에 큰 핍박이 일어나자 모두 흩어졌습니다. 흩어진 자들은 유대와 사마리아 모든 땅을 다니며 복음을 전파했습니다.

당시 제자들은 무서운 이방인에 대한 편견, 선민의식에 사로잡혀 있었습니다. 그들은 복음을 전했지만 예루살렘에서만, 유대인에게만 복음을 전했습니다. 그러다가 스데반의 순교로 예루살렘 교회에 큰 핍박이 일어나자 그들은 멀리 베니게, 구브로, 안디옥까지 흩어졌습니다. 그러나 그들은 오직 유대인에게만 복음을 전하려고 했습니다. 왜 이런 복음의 장벽이 나타나게 되었을까요? 성령 충만하지 않아서 그랬을까요?

아닙니다. 이들은 성령 충만했습니다. 이들이 얼마나 성령 충만했는지 사도 베드로를 보면 바로 알 수 있습니다. 복음서 곳곳을 보면 베드로는 3년 동안 예수님을 따라다니면서 수제자로서 활약상을 보여 줍니다.

예수님은 십자가를 지시기 직전 베드로에게 "오늘 밤 닭이 울기 전에 네가 나를 세 번 부인하리라"고 말씀하십니다. 그 말에 절대로 부인하지 않겠다고 호언장담했던 베드로는 계집아이에게 예수님을 모른다고 부인하고 저주까지 했습니다. 그러나 그는 새벽 닭 우는 소리를 듣자 예수님의 말씀이 생각나서 통곡하고 회개했습니다.

그리고 나서 베드로의 모습이 달라졌습니다. 사도행전 1장에서는 성령강림을 사모하며 전심으로 기도합니다. 사도행전 2장에서는 오순절에 성령 충만함을 입습니다. 그리고 디아스포라(Diaspora) 즉, 흩어져 살던 유대인들이 절기를 지키기 위해 예루살렘에 옵니다. 당시 사람들 가운데는 성령으로 나타난 방언에 무지하여 술에 취했다고 조롱하기도 했습니다. 베드로는 그들을 향해 요엘서의 말씀을 인용하면서 십자가와 부활의 메시지를 전했습니다. 성경은 베드로의 메시지를 듣고 3천 명이 회개하고 돌아왔다고 기록하고 있습니다.

베드로는 사도행전 3장에서 성전 미문에 있던 앉은뱅이를 일으키는 기적을 행합니다. 그 기적이 동기가 되어 5천 명이 회개하고 돌아옵니다. 사도행전 4장에서는 산헤드린 공회원들이 베드로를 감옥에 가두고 예수를 전하지 말라고 위협합니다. 그러나 베드로는 예수님을 십자가에 못 박히게 했던 산헤드린 공회원의 위협 앞에서 "내가 하나님의 말에 순종하겠는가, 사람의 말에 순종하겠는가?" 라고 담대히 외칩니다. 더 이상 베드로는 계집아이 앞에서 쩔쩔매며 예수님을 부인했던 겁쟁이가 아니었습니다.

사도행전 5장에서는 예루살렘 교회 안에 죄를 가지고 들어오는 아나니아를 보고 "아나니아야 어찌하여 사탄이 네 마음에 가득하여 네가 성령을 속이고 땅 값 얼마를 감추었느냐” 하며 사람의 마음속까지 읽어 내는 성령의 사람이 됩니다. 사도행전 8장에서는 사마리아에 가서 사람들에게 안수하여 성령을 받게 하고, 사도행전 9장에서는 죽은 다비다를 살려 줍니다.

그는 누가 봐도 성령이 충만한 사람이었습니다. 베드로가 이방인들에게 복음을 전하지 않은 것은 절대로 믿음이 없어서가 아니었습니다. 다만 그에게는 이방인들과 교제하면 안 된다는 선민의식의 장벽이 있었습니다. 그 당시 대부분의 유대인들은 이 선민의식으로 가득 차 있었습니다.

축복의 통로로 쓰임 받아야 했던 그들은 선민의식의 특권만을 주장하다가 결국 축복을 나눠 주지 못하는 블레싱 홀더(Blessing Holder)가 되고 말았습니다. 초기 유대 그리스도인들은 다른 민족이 하나님 앞에 돌아오는 것을 막고 있었습니다.

구약에서 선민의식의 대표적인 사람을 꼽으라면 요나 선지자입니다. 하나님은 요나에게 “저 큰 성읍 니느웨에 가서 그들의 죄를 외치라” 고 말씀하였습니다. 그런데 요나는 하나님의 말씀을 어기고 니느웨와 반대 방향인 다시스(지금의 스페인)쪽으로 배를 타고 도망가 버립니다. 그는 이스라엘의 원수, 앗수르의 수도 니느웨 백성이 죄를 짓고 멸망당하기를 원했기 때문입니다. 하나님의 말씀을 전해 봐야 그 악한 사람들이 듣겠는가 싶었을 것입니다.

그러나 하나님은 지중해에 풍랑을 일으켜 요나의 행로를 앗수르로 바꾸십니다. 그래서 요나는 물고기 뱃속에서 하나님께 회개하고 니느웨에 가서 하나님의 말씀을 전합니다. 그런데 웬걸, 이 사람들이 다 회개하고 하나님 앞에 돌아왔습니다.

재미있는 것은 하나님이 니느웨 백성들의 회개를 들으시고 심판의 손길을 멈추셨을 때, 요나가 펄쩍펄쩍 뛰며 하나님께 화를 내면서 따지고 들었다는 것입니다. "하나님은 노하기를 더디 하셔서, 너무나도 사랑이 크셔서 니느웨를 멸망하지 않기로 마음을 돌이키실까 봐 내가 다시스로 도망갔었는데…" 하고 말입니다.

요나는 참 선지자였습니다. 하나님이 어떤 분이신지 정확히 알고 있었습니다. 그는 하나님이 니느웨 백성을 사랑하고 계실지라도 자신은 그 백성이 싫었던 것입니다. 요나는 이방인을 개나 뱀, 돼지보다 못하게 여기는 선민의식으로 가득 차 있었습니다.

북쪽 이스라엘이 앗수르에게 멸망당한 뒤로, 북 이스라엘의 수도 사마리아에는 앗수르 사람들이 이주해 왔습니다. 그래서 사마리아 사람들과 앗수르 사람들의 통혼으로 피가 섞이자 유대인들은 사마리아 사람들과 상종도 하지 않았습니다. 신약 시대에 예수님께서 유대인들이 천하게 여기는 사마리아인만이 강도를 도와주었다는 비유를 괜히 말씀하신 것이 아닙니다. 유대인들이 자기 백성이었던 사마리아인들도 그렇게 무시했는데 하물며 다른 민족들은 어떻게 대했을까요? 우리 민족은 요나를 이해할 수 있는 민족입니다.

제가 아프리카에 있을 때, 성도 한 분이 어느 목사님의 설교 테이

프를 보내 주었습니다. 설교 중에 타이타닉 호에 관한 예화를 들었는데, 그 이야기가 참 재밌습니다.

어느 날, 타이타닉 호가 항해를 하다가 빙산에 부딪혀 좌초되었습니다. 구명보트에 태울 수 있는 정원은 30명이었습니다. 그보다 많은 사람이 타면 배가 가라앉아 모두가 죽게 됩니다. 마침 그 배에는 33명의 각 나라 민족이 타고 있었습니다. 세 민족이 자원하여 그 배에서 뛰어내려야 나머지 민족이 살 수 있었습니다. 그때 눈치를 보고 있던 앵글로 색슨, 영국 민족이 일어섰습니다. 예수님을 믿고 신사의 나라가 되었기 때문에 신사답게 "대영제국 만세!"를 부르고 바다에 뛰어내렸습니다. 그 다음은 미국 사람이 일어나 성경에 손을 얹고 "미국 만세!"를 부르면서 바다에 뛰어내렸습니다. 그리고 마지막 우리 민족이 일어나서 "대한 독립 만세!"를 외치고는 옆에 있는 일본 사람을 밀어 버렸다는 이야기입니다.

저는 이 이야기를 듣고 정말 많이 웃었습니다. 이 이야기를 듣고 웃으신 분들은 아마 요나의 마음을 잘 이해할 것입니다.

원래 우리나라의 영문 표기는 COREA였는데 일본이 우리나라를 식민 통치할 때 KOREA로 바꿨답니다. 왠 줄 아십니까? 일본의 영문 표기가 JAPAN인데, 일본보다 한국이 알파벳 순서로 먼저 나오면 안 된다는 이유였습니다. 이 얘기를 강의 시간에 들려주었더니 어떤 학생이 "목사님, 우리도 JAPAN의 J를 Z로 바꿔 버려요!" 그러더군요.

우리 민족은 무려 36년 동안 일본에게 나라를 빼앗기고 식민통치를 당했습니다. 그래서 하나님이 일본을 사랑하신다고 해도 우리는 별로 좋아하지 않습니다.

저는 지금도 일본 파송 선교사 한 분의 말이 잊혀지지 않습니다.

"제가 성도님들께 일본에 가서 선교 사역을 잘 할 수 있도록 기도해 달라고 하면 어떤 성도들은 갈 데가 없어서 일본을 가냐고 혼내는 분도 있고, 일본만 아니라면 후원하겠다는 분들도 있었습니다."

이처럼 우리 민족에게도 선교 마인드의 장벽, 요나 증후군이 있습니다.

장벽을 넘어

하나님은 모든 민족에게 복음이 전파되기를 원하셨습니다. 하지만 제자들은 이방인을 사람 취급도 하지 않았습니다. 하나님은 그 생각을 바꿔 주시려고 이방인 고넬료와 유대인 베드로를 만나게 해 주십니다. 그 이야기가 바로 사도행전 10장의 사건입니다.

사도행전 10장은 복음의 확장을 가로막는 선민의식을 바꿔 주기 위해 나오는 너무나도 중요한 장입니다. 사도행전 10장 1절에 나오는 이방인 고넬료는 로마 사람이었고 군대의 백부장이었습니다. 당시 로마는 지중해를 호수 삼아 북부 아프리카와 팔레스타인까지 점령하여 식민 통치하고 있었습니다. 로마는 욥바와 가까운 항구 도시인 가이사랴에 총독부를 설치했습니다.

어느 날, 고넬료가 기도하는 중에 천사가 나타나 "고넬료야, 욥바에 있는 베드로를 청하여 말씀을 들으라." 고 하셨습니다. 천사의 지시를 받은 고넬료는 베드로를 초청하기 위해 욥바에 종을 보냈습니다. 그러나 문제는 이방인들과는 상종도 하지 않는 베드로에게 있었습니다.

"유대인으로서 이방인과 교제하며 가까이 하는 것이 위법인 줄은 너희도 알거니와" (사도행전 10:28)

성경에 나온 것처럼 유대인이 이방인의 집에 들어가 교제하는 것은 철저한 금기 사항이었고 베드로도 예외는 아니었습니다. 주님은 그 생각을 바꾸시기 위해서 아래와 같은 환상(Vision)을 보여 주십니다.

"이튿날 그들이 길을 가다가 그 성에 가까이 갔을 그 때에 베드로가 기도하려고 지붕에 올라가니 그 시각은 제 육 시더라 그가 시장하여 먹고자 하매 사람들이 준비할 때에 황홀한 중에 하늘이 열리며 한 그릇이 내려오는 것을 보니 큰 보자기 같고 네 귀를 매어 땅에 드리웠더라 그 안에는 땅에 있는 각종 네 발 가진 짐승과 기는 것과 공중에 나는 것들이 있더라 또 소리가 있으되 베드로야 일어나 잡아먹어라 하거늘 베드로가 이르되 주여 그럴 수 없나이다 속되고 깨끗하지 아니한 것을 내가 결코 먹지 아니하였나이다 한대 또 두 번째 소리가 있으되 하나님께서 깨끗하게 하신 것을 네가 속되다 하지 말라 하더라 이런 일이 세 번 있은 후 그 그릇이 곧 하늘로 올려져 가니라" (사도행전 10:9-16)

유대인에게 뱀이나 돼지 같은 동물은 부정한 것이며 유대 마인드를 가지고는 절대로 먹을 수 없는 것들이었습니다. 유대 마인드를 가지고 있던 베드로가 어떻게 돼지나 뱀을 잡아먹을 수 있겠습니까?

제가 감비아에서 사역했을 때입니다.

"똑 똑 똑!"

어느 날 조심스럽게 문 두드리는 소리가 들려 밖을 살펴보았습니다. 그런데 밖을 내다보는 순간 저는 기절할 뻔했습니다. 평소 기독교 무리들이라고 가까이 오지도 않던 모슬렘 원주민이 서 있었기 때문입니다. 그것도 두 명의 덩치 큰 장정이 땀을 뻘뻘 흘리며 멧돼지 한 마리를 메고 있었습니다.

이유는 이랬습니다. 두 청년이 어깨에 둘러멘 멧돼지는 여태껏 그들의 농작물을 헤치고 쑥대밭으로 만든 주범이었습니다. 여러 명이 동원되어 전쟁을 치른 끝에 멧돼지를 잡는 데 성공했는데, 문제가 있었던 것입니다.

무슨 문제였을까요? 더 이상 농작물 걱정을 안 해서 좋고, 투실투실 살찐 멧돼지를 잡아먹을 수 있어서 좋았을 텐데요. 바로 그들은 모슬렘이었기 때문입니다. 아시다시피 모슬렘에게 그것은 그림의 떡입니다. 모슬렘도 아브라함을 자기들의 조상으로 여기고 있기 때문에 절대로 부정한 동물(레위기 11장)을 먹지 않습니다.

모슬렘 형제는 멧돼지를 잡기는 잡았는데 그냥 버리기에는 아깝고, 그렇다고 먹을 수도 없고, 고심 끝에 저희 센터로 찾아온 것이었습니다. 형제는 슬금슬금 눈치를 보며 조심스럽게 물물교환을 요청했습니다.

솔직히 그동안 고기 맛을 본 지도 꽤 오래 됐고, 또 그 정도 크기의 멧돼지라면 센터 안에 있는 사람들이 실컷 먹고도 남을 양이었기 때문에 저는 어떻게 해서든 계약을 성사시키기로 마음먹었습니다. 저는 은근히 그들이 멧돼지의 값어치에 버금갈 만한 것을 요구할 것 같아 걱정이 되었습니다. 그런데 그들이 우리에게 요구한 것은 어이없게도 달랑 축구공 하나였습니다.

세네갈에 둘러싸여 있는 감비아 사람들은 아프리카 대륙의 다른 나라들처럼 엄청 축구를 좋아합니다. 축구공 하나 갖는 게 소원인 청소년이 많습니다. 그러니까 멧돼지 한 마리와 축구공을 바꾸자고 한 것입니다. 그들은 돼지가 얼마인지, 축구공이 얼마인지 그 가치를 몰랐던 것이죠.

그들의 제안을 듣고 저는 속으로 얼마나 기뻤는지 모릅니다.

"하나님, 감사합니다. 우리의 연약함을 아시고 이렇게 살진 멧돼지로 먹이시나이다!"

그들이 제 표정을 볼 수 없도록 문을 닫고 펄쩍펄쩍 뛰며 춤을 췄습니다. 은근히 장난기가 발동한 저는 방에 있던 축구공을 들고 나가 그들에게 천연덕스럽게 얘기했습니다.

"너희들, 이 축구공이 얼마나 좋은 것인지 알아? 봐라, 까맣고 하얗고 반들반들한 이 축구공하고 어떻게 이렇게 하찮은 멧돼지와 바꿀 수가 있냐? 너희 같으면 이렇게 예쁘고 귀한 축구공을 함부로 내줄 수 있겠느냐?"

그랬더니 그들이 저에게 사정을 하며 다음에 한 마리 더 잡아다 주겠다는 것이었습니다. 그날 저와 제 아내는 축구공 하나와 멧돼지를 바꾸고 신바람이 나서 멧돼지 요리를 준비했습니다. 기름기가 좔좔 흐르는 멧돼지를 맘껏 먹을 수 있다는 기쁨에 그동안 힘들고 고생스러웠던 기억이 모두 사라지는 듯했습니다.

숯불 위에서 돼지고기가 노릇노릇 익어 갈 즈음, 함께 센터에서 생활하던 우리 감비아 청년들을 불렀습니다.

"애들아 빨리 와라, 철판구이 바비큐 파티하자!"

돼지고기를 먹는다는 마음에 들떠 있는 저와는 달리 어쩐지 아이들의 표정은 심상치 않아 보였습니다.

모두들 머뭇거리고 있는데 '맛싸네' 라는 한 청년이 말했습니다.

"우리는 그리스도인이야. 이제는 먹어도 돼."

그러고는 당당하게 앞으로 나가 고기를 하나 집어 드는가 싶더니 이내 뻣뻣하게 얼어버렸습니다. 그렇게 몇 번 주저하다가 결국 먹지 못하고 내려놓고 말았습니다. 비록 개종을 해서 크리스천이 되었다고는 해도 그들의 머릿속에는 여전히 돼지를 먹는 것은 끔찍하고 부정한 것으로 남아 있었던 것입니다. 모슬렘들도 이토록 철저히 돼지고기를 먹지 않는데 하물며 정통 유대인인 베드로는 어땠겠습니까? 당연히 먹지 않지요. 그래서 하나님은 베드로에게 미리 환상을 보여주시고, 그후 고넬료에게 보내신 것입니다.

고넬료는 가이샤라 로마 총독부 사람입니다. 유대인이 개만도 못하게 취급하는 이방인에다 자신들을 식민통치하고 있는 로마 총독부 사람이니 얼마나 미워했겠습니까? 그야말로 그를 돼지나 뱀처럼 여겼을 것입니다. 그러니 베드로가 따라가려고 하겠습니까? 당연히 가지 않지요. 그렇지만 성령님의 음성을 듣고 베드로는 순종합니다.

유대인으로서 이방인과 교제하는 것이 위법이라고 생각했던 베드로의 생각은 고넬료를 만나면서 깨어집니다. 고넬료에게 역사하셨던 하나님에 대한 이야기를 듣는 순간 베드로는 자신이 보았던 부정한 동물들에 대한 환상의 뜻이 무엇인지 깨닫습니다.

"Now I realize. 이제야 알겠다!"

이방인에게 편견이 없으신 하나님의 생각을 알게 된 베드로는 난생 처음 그들에게 설교를 시작합니다. 베드로가 설교할 때 그의 말씀을 듣는 모든 이방인들에게 성령이 임합니다. 제2의 오순절 사건이 일어난 것입니다. 사도행전 2장의 오순절 사건이 유대인들에게 성령님이 임하신 것이라면, 사도행전 10장의 사건은 이방인들에게 성령님이 임하신 것입니다.

베드로가 누구입니까? 성령 세례를 받기 전에 예수님을 부인하고 저주했던 인물이 아닙니까. 그러니 성령님이 어떤 분인 줄 베드로만큼 잘 아는 사람이 또 어디 있겠습니까. 베드로는 성령을 받고 하나님의 쓰임을 받아 능력의 종이 되었습니다. 그렇지만 그는 그 성령님이 이방인들에게도 내려올 줄은 꿈에도 생각하지 못했을 것입니다.

베드로는 이방인에 대한 하나님의 뜻을 깨달은 후에 예루살렘으로 갑니다. 그런데 아직까지 하나님의 뜻을 깨닫지 못한 다른 사도들은 베드로가 할례받지 못한 이방인과 교제했다는 소식을 듣고 힐난하기 시작합니다.

그들은 유대로 내려온 베드로를 보고 "네가 뭔데 할례도 받지 않은 이방인들의 집에 들어가 함께 먹었느냐"고 호통을 칩니다. 그것은 사도들이 성령 충만하지 못해서 그런 것이 아니라 선민의식을 바꿀 기회를 갖지 못했기 때문입니다. 베드로는 고넬료 집에 간 자신을 힐난하는 자들에게 자초지종을 자세하게 설명합니다. 베드로가 말하기를 마쳤을 때 다른 사도들과 형제들은 놀라운 하나님의 생각을 발견하게 됩니다.

"그들이 이 말을 듣고 잠잠하여 하나님께 영광을 돌려 이르되 그러면 하나님께서 이방인에게도 생명 얻는 회개를 주셨도다 하니라"

(사도행전 11:18)

그들이 이렇게 고백한 것으로 보아 그전에는 이렇게 생각하지 않았음을 알 수 있습니다. 그러니까 그전에는 "이방인에게는 생명 얻는 회개를 주시지 않았다"고 생각한 것입니다.

예수님과 살을 부비며 살았던 베드로와 초대 교인들도 이처럼 선교 마인드를 이해하는 데 우여곡절을 겪었고, 받아들이는 데 시간이 필요했습니다. 이것이 무엇입니까? 마인드의 장벽입니다. 눈에 보이지 않는 생각의 장벽입니다. 이러한 마인드의 장벽은 첨단 미사일로도 부수기가 어렵습니다. 앞으로 살펴보겠지만 복음이 전해지는 곳곳마다 문화의 장벽, 마인드의 장벽, 언어의 장벽이 얼마나 높았는지 알게 될 것입니다. 그 수많은 장벽을 뚫고 우리에게 복음이 전해졌다는 것이 신기할 정도로 말입니다.

저는 개인적으로 사도행전 10장을 읽을 때마다 하나님께 감사합니다. 하나님께서 이방인 고넬료를 통해서 베드로 사도의 생각을 바꿔 주셨고, 하나님이 이방인을 사랑하신다는 생각의 전환이 유대인과 모든 믿는 자들에게 일어났고, 이러한 마인드의 변화는 이방인들에게 복음이 증거되는 놀라운 역사의 출발점이 되었기 때문입니다. 그래서 오늘날 성경을 보는 우리에게까지 복음이 미쳤기 때문입니다.

그들에게 마인드의 변화가 없었다면 우리는 아직도 돼지만도 못한 이방인 취급을 받았을 것입니다. 복음에는 확장성이 있습니다. 그래서 나 혼자만의 복음이 아닌, 유대인만의 복음이 아닌 모든 민족의 복음인 것입니다.

사도행전 9장에 사도 바울이 예수님을 만나는 장면이 나옵니다. 예수님을 만난 이후로 사도 바울은 아라비아 광야에서의 3년의 훈련뿐 아니라 고향 다소에서도 하나님의 인도하심 아래 10년이 넘도록 훈련을 받습니다.

바나바는 사울을 안디옥 교회에 초청하여 함께 사역합니다. 사울은 안디옥 교인들에게 예수가 그리스도임을 가르칩니다. 안디옥 교인들은 사울의 철저한 기독론을 배우면서 예수를 그리스도라 증거하게 되었고 비로소, 크리스천(Christian)이라 불리게 됩니다.

사도행전 13장에서 안디옥 교회가 금식까지 하며 예배드리고 있을 때, 성령님은 "내가 불러 시키는 일을 위하여 바나바와 사울을 따로 세우라" 지시했습니다. 이 말씀은 바나바와 사울을 선교사로 보내라는 명령이었습니다. 안디옥 교회는 이 명령에 순종하여 지상에서 가장 먼저 선교사를 파송한 교회가 되었습니다.

언젠가 한국에서 각국으로 파송한 선교사들이 함께 모인 적이 있었습니다. 한 사람씩 돌아가면서 자기소개를 하는데, 그때 인상적으로 소개했던 선교사님이 떠오릅니다.

그분은 처음에 잠실에서 어렵게 교회를 시작했는데, 교회가 성장하면서 크게 건물을 짓고 안정된 목회를 하게 되었답니다. 그러던 어느 날, 사도행전 13장의 성령님께서 바나바와 사울을 선교사로 보내시는 말씀을 묵상하는데, '바나바는 안디옥 교회의 대표 사역자가 아닌가? 아… 하나님은 담임목사를 선교사로 보내시는구나.' 하고 마음에 깨달아지더랍니다. 그래서 안정된 목회를 뒤로하고 선교지로 가셨다는 이야기였습니다. 그 얘기를 들은 많은 선교사님들이 박수를 쳐 주었습니다.

그 뒤를 이어 한 분 한 분 자기소개를 하는데, 어느 젊은 선교사님이 "저는 아까 잠실에서 목회를 하시던 그 목사님의 교회에서 부목사로 있었는데, 하나님께서 부교역자인 사울도 선교사로 보내서 저도 선교사로 갔습니다." 그 말에 거기 모였던 많은 선교사님들이 박장대소했습니다. 말씀을 묵상하면서 적용을 참 잘하는 목사님들이라는 생각이 들었습니다.

이렇듯 성경은 처음부터 선교의 장을 열어 갔습니다. 주님의 보내심을 받은 바나바와 사울(바울)은 첫 번째 선교 여행을 떠납니다. 구브로 섬으로 가서 복음을 전하고, 또 배를 타고 지금의 터키 중부 지방에 가서 복음을 전합니다. 하나님은 바나바와 사울의 선교행전을 통해서 많은 이방인들을 주께로 돌아오게 하셨습니다. 2년 동안의 긴 선교여정을 마치고 안디옥 교회에 돌아온 바나바와 사울은 하나님께서 어떻게 이방인들에게 복음의 문을 여셨는지를 보고했습니다.

제가 신학대학에 다닐 때, 사도행전 지도를 주일학교 학생들에게 그려 놓고 그곳에서 어떤 일들이 일어났는지 설교한 적이 있습니다. 솔직히 그들이 다닌 여정을 가르치면서도 그냥 동네에서 동네를 왔다 갔다 했겠거니 생각했습니다.

그런데 얼마 전 터키를 가보고는 그 거리가 엄청나게 멀다는 것을 알게 되었습니다. 바나바와 바울이 걸었던 그 길은 우리나라 남북한을 합친 것보다 3.5배가 큰 아나톨리아 반도였습니다. 그들은 복음을 전하기 위해 끝없는 광야 길과 험준한 산맥을 넘은 것입니다.

안디옥 교회 성도들은 바울과 바나바의 선교 보고를 들으면서 선교가 얼마나 어려운지를 간접적으로 깨달았습니다. 또한 선교하는데 얼마나 많은 영적전쟁과 위험이 도사리고 있는지도 알게 되었습니다. 안디옥 교회 성도들은 하나님이 바나바와 사울을 통하여 행하신 모든 일을 듣고, 그들을 극진히 돌보아 주었습니다. 이것을 선교 용어로 미셔너리 케어(Missionary Care)라고 부릅니다.

바나바와 사울이 선교행전을 마치고 돌아왔을 때, 안디옥 교회는 한 가지 문제에 봉착해 있었습니다. 유대에서 온 율법주의자들이 이방인들도 구원을 받으려면 할례를 받아야 한다고 가르친 것입니다. 바울과 바나바는 할례는 구원의 조건이 아니라고 반박했으나 율법주의자들은 절대로 자기들의 주장을 굽히지 않았습니다. 결국 이들은 이 문제를 예루살렘에 가서 사도들과 형제들 앞에서 해결하자고 잠정 결론을 내립니다.

이 내용이 사도행전 15장 예루살렘 공의회 내용입니다. 회의의 내용은 '이방인들이 구원을 받으려면 할례를 받아야 하는가?' 라는 주제였습니다. 갑론을박(甲論乙駁), 어느 한쪽도 양보하지 않은 채 팽팽

한 긴장감이 돌았습니다. 그때 베드로 사도가 일어나 이야기합니다.

"내가 이방인 고넬료의 가정에서 말씀을 전하려고 말을 시작하는데 성령이 이방인들에게 임하셨습니다. 할례를 받지 않은 이방인들에게 성령이 강림하신 것은 할례가 구원의 조건이 아님을 확실하게 보여 주신 것입니다."

이 한마디로 대세는 기울었습니다. 또한 이방인 선교를 감당하고 온 바나바와 바울의 찬조 발언은 율법주의자들의 주장을 잠재우기에 충분했습니다. 결국, 예수님의 동생 야고보는 이방인들이 하나님께로 돌아오는 것을 괴롭게 하지 말자고 결론내립니다. 이 문제를 해결한 바나바와 바울은 지속적인 이방인 선교를 감당하게 되었고, 이 사건으로 이방인 선교의 문이 활짝 열리게 되었습니다.

선교행전을 떠나다

"밤에 환상이 바울에게 보이니 마게도냐 사람 하나가 서서 그에게 청하여 이르되 마게도냐로 건너와서 우리를 도우라 하거늘" (사도행전 16:9)

주님의 비전을 본 바울은 지금의 그리스 땅인 마게도냐에 건너가 빌립보 성으로 갑니다. 또 데살로니가, 베뢰아, 아덴(아테네), 고린도까지 하나님의 백성이 있는 곳이면 어디든지 가서 복음을 전합니다.

바울 선교사 일행은 겐그리아에서 배를 타고 에베소, 예루살렘에 들렀다가 안디옥 교회로 돌아옵니다. 그들에게는 안디옥 교회라는 모교회가 있었습니다. 선교사들에게 안디옥 교회 같은 모교회가 있다는 것은 축복입니다. 함께 기도해 주는 교회, 선교사를 잘 돌봐 주는 교회, 함께 물질로 동참하는 교회….

안디옥 교회에서 새 힘을 얻은 바울 선교사 일행은 에베소로 가서 복음을 전합니다. 바울은 에베소의 두란노서원에서 제자들을 따로 세우고, 2년 동안 그들을 양육하며 소아시아 지역 모든 곳에 가서 복음을 전파합니다.

이것이 바로 에베소 선교 전략입니다. (우리나라에 오신 선교사님들의 전략이기도 합니다.) 그래서 우리는 신약에 왜 에베소서가 나오고, 빌립보서, 고린도서가 나오는지 알 수 있습니다.

바울의 선교행전은 목숨을 건 선교행전이었습니다.

"내가 달려갈 길과 주 예수께 받은 사명 곧 하나님의 은혜의 복음을 증언하는 일을 마치려 함에는 나의 생명조차 조금도 귀한 것으로 여기지 아니하노라" (사도행전 20:24)

선교행전이 그렇게 쉽지는 않았다는 것을 바울이 고린도 성도들에게 보낸 글에서 알 수 있습니다.

"그들이 히브리인이냐 나도 그러하며 그들이 이스라엘인이냐 나도 그러하며 그들이 아브라함의 후손이냐 나도 그러하며 그들이 그리스도의 일꾼이냐 정신 없는 말을 하거니와 나는 더욱 그러하도다 내가 수고를 넘치도록 하고 옥에 갇히기도 더 많이 하고 매도 수없이 맞고 여러 번 죽을 뻔하였으니 유대인들에게 사십에서 하나 감한 매를 다섯 번 맞았으며 세 번 태장으로 맞고 한 번 돌로 맞고 세 번 파선하고 일 주야를 깊은 바다에서 지냈으며 여러 번 여행하면서 강의 위험과 강도의 위험과 동족의 위험과 이방인의 위험과 시내의 위험과 광야의 위험과 바다의 위험과 거짓 형제 중의 위험을 당하고 또 수고하며 애쓰고 여러 번 자지 못하고 주리며 목마르고 여러 번 굶고 춥고 헐벗었노라 이 외의 일은 고사하고 아직도 날마다 내 속에 눌리는 일이 있으니 곧 모든 교회를 위하여 염려하는 것이라 누가 약하면 내가 약하지 아니하며 누가 실족하게 되면 내가 애타지 아니하더냐 내가 부득불 자랑할진대 내가 약한 것을 자랑하리라"(고린도후서 11:22-30)

바울의 이 글을 읽으면 어떤 사람도 불평하지 못할 것 같습니다. 그가 그토록 어려운 상황을 극복하면서 복음을 전했던 것은 영생이 무엇인지 알았기 때문입니다.

사도 바울은 영원한 삶을 바라보고 살았습니다. '이 복음이 저 민족에게 증거되어야 해. 내 생명을 주고 영원한 의의 면류관을 받자.'

이것이 사도 바울의 중심에 있었습니다. 사도 바울의 선교 편지를 읽을 때마다 이런 마음이 절절히 와 닿습니다.

바울은 하나님이 자신을 이 땅에 보내신 이유를 분명히 알았습니다. 이런 마음이 있었기에 이천 년이 지난 지금 우리에게까지 복음이 전해질 수 있었던 것입니다.

어디 사도 바울뿐이겠습니다. 베드로는 복음을 전하다가 십자가에 거꾸로 매달려 처형당했습니다. 또한 수많은 사도들이 주님의 명령에 순종하여 순교의 잔을 기꺼이 받았습니다.

안디옥 교회의 미셔너리 케어

Missionary Care

제 1차 선교행전을 마치고 돌아 온 바울과 바나바는 안디옥 교회에서 제자들과 함께 오래 있었습니다. 안디옥 교회는 미셔너리 케어(Missionary Care)를 참 잘했습니다.

선교사가 안식년을 맞이하여 고국에 돌아와도 있을 곳이 없어서 어려움을 당할 때가 참 많이 있습니다. 선교사를 잘 돌봐 주는 것이 얼마나 중요한지 모릅니다. 그런데 안식년을 맞이하여 고국에 돌아오는 선교사를 돌보는 것도 중요하지만 선교지에 있는 선교사를 돌보는 것은 더 중요합니다.

선교지에서 정말 힘든 것 중 하나는, 처음에 뜨거운 관심과 사랑을 보여 주었던 교회와 성도들의 사랑이 멀어져 가는 것을 느낄 때입니다. 우리가 파송한 선교사님에게 편지 한 통, 책 한 권 보내기, 소포 보내기로 관심과 사랑을 보여 준다면 선교지에 있는 선교사님들은 상황이 아무리 어려워도 그 사랑의 힘으로 많은 영혼을 주 앞으로 돌아오게 할 것입니다.

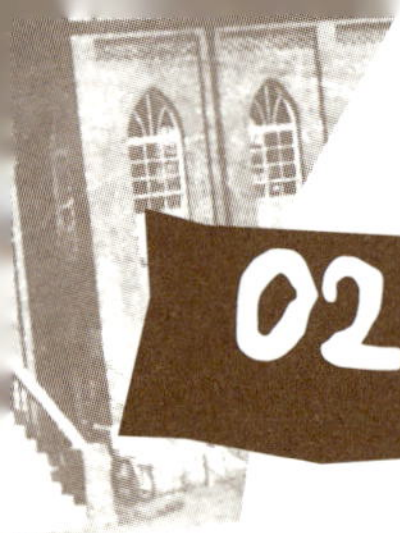

02

카타콤에서·종교개혁까지

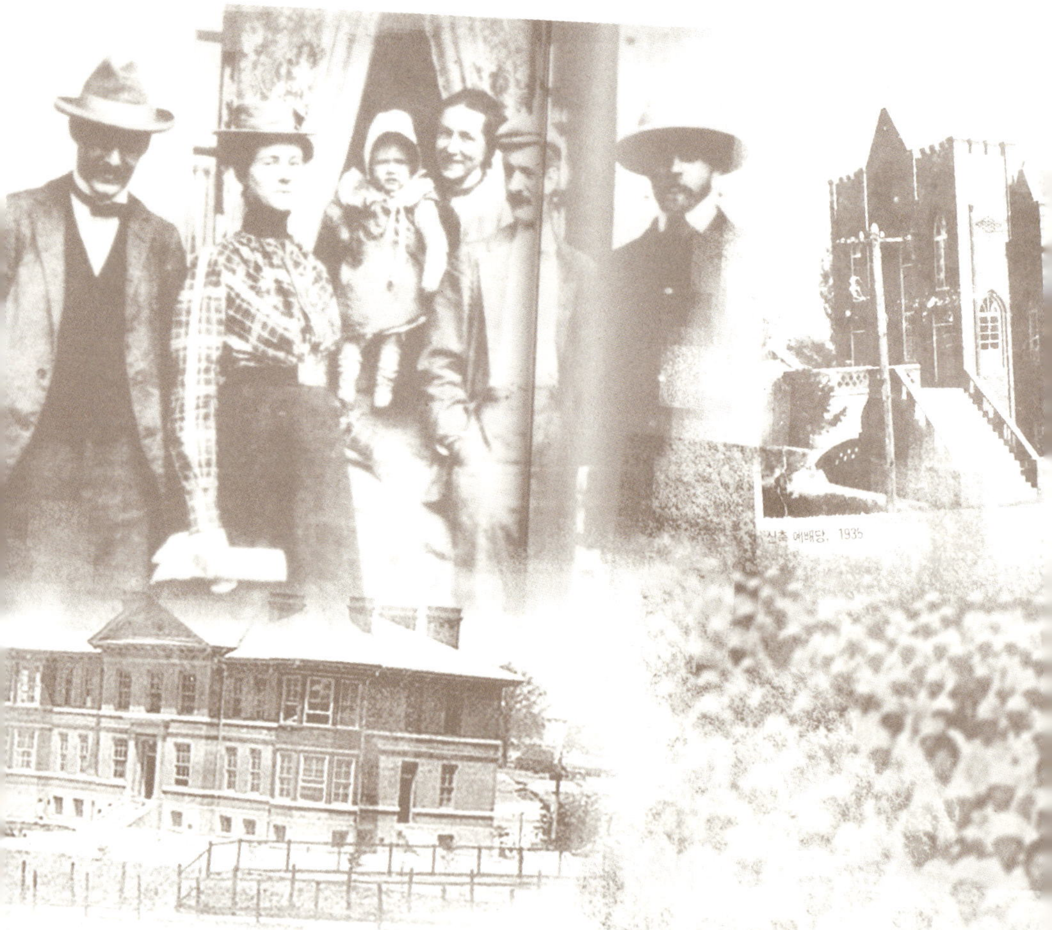

새문안 예배당, 1935

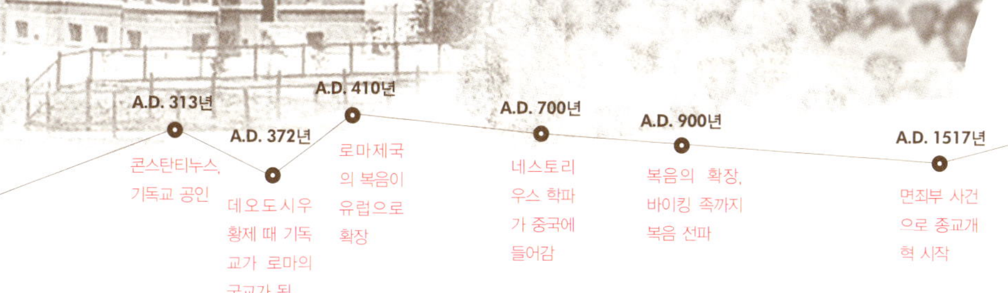

바울 선교사가 쓴 가장 마지막 편지는 디모데
후서입니다. 디모데후서 4장 말씀을 보면 기독
교인들이 사자의 밥이 되고 있다는 것을 암시하
는 구절이 나옵니다.

"주께서 내 곁에 서서 나에게 힘을 주심은 나
로 말미암아 선포된 말씀이 온전히 전파되어 모
든 이방인이 듣게 하려 하심이니 내가 사자의 입
에서 건짐을 받았느니라" (디모데후서 4:17)

로마는 황제 숭배를 강요했습니다. 로마가 지배하고 있던 모든 곳에서 황제를 주(Lord)로 섬기라고 명령을 내렸습니다. 당시 기독교인은 생명을 담보로 황제를 섬길지, 예수 그리스도를 섬길지 둘 중 하나를 선택하도록 강요받았습니다. 그때 수많은 기독교인이 기꺼이 생명을 바치면서까지 예수 그리스도가 '주 되심'(Lordship)을 바꾸지 않았습니다. 그들은 영원한 나라를 사모하며 사자의 밥이 되어도, 화형을 당해도 '주 되심'을 바꾸지 않았습니다.

갈수록 거세지는 로마의 박해 속에서 예수를 믿는다는 것은 곧 죽음을 뜻했습니다. 복음의 씨앗이 로마라는 땅에 떨어졌지만 로마의 토양은 그 씨가 자라도록 허락되지 않았습니다. 그래서 신앙을 지키기 위해 로마의 그리스도인들은 지하 무덤으로 들어갔습니다. 로마 박해가 계속되는 동안 그리스도인들은 지하 무덤에서 태어나 그곳에서 삶을 마감하기도 했습니다. 그 지하 무덤을 우리는 카타콤*이라고 부릅니다.

저는 사실 한국의 무덤만 생각하고 '지하 무덤에 숨었는데 왜 못 찾아낼까?' 하는 의구심이 있었습니다. 그런데 카타콤에 직접 가 보고 나서야 왜 로마 군인들이 그리스도인들을 찾아낼 수 없었는지 알게 되었습니다. 안내를 받고 가는데도 어디가 어디인지 도대체 알 수 없었습니다. 몇 해 전, 일본인 관광객 부부가 로마에 있는 카타콤에 들어갔다가 나오는 길을 찾지 못해 죽은 사건도 일어났을 정도입니다(그 일이 있은 후 카타콤에는 안내자들이 항상 대기하고 있습니다).

만약 어느 나라에서 한 종교만 300년 동안 박해한다고 가정해 봅시다. 과연 그 종교가 그곳에서 살아남을 수 있을까요? 열이면 열, 다 사라질 것입니다. 그런데 하루 이틀도 아니고 자그만치 300년 동안이나 박해를 받고도 기독교가 살아남을 수 있었던 것은 무엇 때문입니까? 이것이야말로 기독교가 종교의 범주를 뛰어넘어 생명이라는 것을 증명해 보이는 것입니다.

로마는 그 생명력 앞에 두 손을 들었습니다. 로마는 복음으로 정복당했습니다. A.D. 313년 콘스탄티누스는 기독교를 공인했고 A.D. 372년인 데오도시우스 황제 때는 로마의 국교가 되었습니다.

동방으로

문제는 기독교가 제도화되고 습관화되고 형식적인 종교생활에 빠지면서 그 생명력을 잃기 시작한 것입니다. 3세기에 카타콤에서 주님을 믿었던 사람들이 생명을 내걸고 믿었던 진짜 그리스도인이었다면, 기독교가 로마의 국교로 인정되면서 가짜 그리스도인들이 많이 생겨났습니다.

로마의 국교로 기독교가 공인된 이후 타락한 지도자들은 수많은 이교도들을 교회 안으로 들어오게 합니다. 당시 에베소 근교에서는 아기 신을 섬기고 어머니 신을 섬기는 이교도들이 많았습니다. 그들을 교회 안으로 끌어 들이기 위해, 에베소 종교회의에서는 아기 신 대신에 아기 예수를, 어머니 신 대신에 마리아를 대치하는 오류를 범합니다.

네스토리우스 학파는 예수님의 어머니 마리아는 신이 아니라 인간일 뿐이라고 주장했지만, 타락한 종교 지도자들은 그를 추방해 버립니다. 그래서 네스토리우스파를 지지했던 많은 제자들은 복음을 들고 동방으로 향합니다.

그들은 페르시아를 거쳐 7세기에는 중국까지 오게 됐습니다. 당시 중국은 당나라 시대였는데, 이때는 매우 개방적이어서 네스토리우스 학파는 자유롭게 복음을 전할 수 있었습니다.

1956년 불국사에서 발견된 경교 십자가

이렇게 시작된 기독교가 당나라의 경교입니다. 그러나 당나라가 쇠퇴하면서 경교도 쇠약해졌고, 송나라 때 국수주의가 팽창하면서 일시적으로 위축되었다가 원나라 때 다시 융성해졌습니다. 당나라에 힘입어 676년 삼국통일을 이룬 신라도 경교를 받아들였습니다. 1956년 불국사에서 발견된 경교 십자가(석제, 동제)와 마리아 관음상은 이를 뒷받침하는 근거 자료로 남아 있습니다.

알다시피 우리나라에 복음이 전파된 것은 조선 후기인데, 신라 시대 때 기독교 흔적을 발견할 수 있다는 것은 정말 놀라운 사실입니다. 누군가 이미 신라 시대 때 십자가를 가지고 들어왔던 것입니다.

그러나 신라 시대 때는 특권층 몇 사람들만 기독교를 알고 있었고, 이 복음이 다른 사람들에게 전파되지 못했습니다. 복음이 자생하지 못하는 민족을 미전도 종족으로 분류한다면, 우리 민족은 오랫동안 미전도 종족(Unreached People)이었습니다.

안전지대는 없다

주후 500년까지 로마제국에 복음이 확장되었습니다. 그러나 로마제국을 벗어나지는 못했습니다. 그리스도인이 안전지대(Comfort Zone)에 머물러 있을 때 역사는 소용돌이치게 되어 있습니다.

세계를 제패한 로마 변방에는 게르만 민족이 살고 있었습니다. 그들은 로마가 자기들의 영토를 빼앗지 않은 것을 감사하며 살고 있었습니다. 그런데 하루는 중국 한족에게 밀린 훈족이 이들을 쳐들어 왔습니다.

몽골계인 훈족이 말을 타고 몰려오는 모습을 한번 상상해 보십시오. 덥수룩하게 긴 머리를 풀어 헤치고 말 안장 위에 섰다 앉았다, 오른쪽에서 왼쪽으로 이리저리 왔다 갔다 하며 마구 달렸을 것입니다. 이런 동양 사람을 처음 본 유럽 사람들은 그들을 귀신이라고 생각해 혼비백산하여 도망갔을 것입니다. 그렇게 밀리고 밀려서 게르만족이 로마 수비대를 뚫고 들어갔습니다.

그동안 로마 군인들은 전쟁 없는 태평세월 속에서 지냈습니다. 아무 훈련도 하지 않고 먹고 마시고 있었던 것입니다. 결국 410년에 로마는 게르만족에게 점령당하고 말았습니다. 이것이 바로 세계사 시간에 귀에 따갑도록 배운 '게르만족의 대이동'입니다. 그런데 이들이 이동하고 싶어서 이동했습니까? 아닙니다. 살기 위해서 밀려 내려간 것 뿐입니다.

로마 제국은 부패로 얼룩지다 못해 찌들어 있다가 서서히 영광의 막을 내리고 역사의 뒤안길로 사라졌습니다. 천년 동안 세계를 이끌던 대제국이 멸망하니까 얼마나 혼란스러웠 겠습니까? 반달족*은 닥치는 대로 파괴하고 다녔습니 다. 여기에서 나온 단어가 반달리스트(Vandalist)입니다. 파괴주의자라는 뜻이지요.

이러한 유럽의 대혼란기에도 하나님은 아일랜드 섬을 남겨 주셨습니다. 많은 사람들이 아일랜드 섬으로 도망 갔습니다. 그리고 하나님을 믿던 신실한 사람들이 아일 랜드 섬에서 회개하기 시작했습니다. 1세기의 사도들처럼 성령 충 만함과 말씀으로 무장했고, 야만인(Barbarians)들에게 복음을 전했습 니다. 그 결과 기독교는 야만족에게까지 확장되었습니다.

복음은 가두어 둘 수 없습니다. 생명은 또 다른 생명을 낳습니다. 그리스도인이 다른 민족에게 복음을 증거하지 않고 안주하며 살 때 도 주님은 땅 끝까지 복음이 전파되기 원하십니다. 우리가 전하지 않으면 하나님이 복음이 증거될 수 있도록 모든 환경과 상황을 만들어 가십니다. 하나님은 역사를 주관하시는 분이기 때문입니다.

'계시'란 열어서 보여 주는 것을 말합니다. 계시 중에는 특별계시와 자연계시가 있습니다. 특별계시는 성경을 말합니다. 성경을 보면 하나님이 무엇을 싫어하시고 무엇을 좋아하시는지 하나님의 성품과 속성이 잘 드러나 있습니다. 자연계시는 일반계시라고도 부르는데, 그 중에서도 하나님의 마음이 잘 드러나 있는 것이 역사(History)입니다. 하나님의 관점으로 역사를 보면 복음은 한 번도 묶이지 않았습니다. 그리스도인들이 자발적으로 가지 않으면 역사의 소용돌이를 통해 비자발적으로라도 복음을 증거하게 하십니다. 역사를 하나님의 관점으로 보는 사람들은 실망하지 않습니다. 우리 그리스도인들에게 하늘나라 외에 안전지대는 없습니다.

축복받은 도둑, 바이킹족

9세기 무렵 스칸디나비아 반도에는 바이킹족(노르만족)이 활개를 치고 있었습니다. 바이킹하면 연상되는 것이 해적입니다. 스칸디나비아 반도에 살고 있던 바이킹족은 항해술이 뛰어났습니다. 이들은 배를 타고 유럽으로 건너와서 보물을 약탈하고 사람들을 노예나 첩으로 잡아갔습니다.

그런데 이들이 노략질을 하다 보니까 이상하게도 산 속 으리으리한 건물에는 보물도 많고 건강한 사람들도 많다는 것을 알게 됐습니다. 그래서 그곳만 집중적으로 약탈했는데, 거기가 어디인가하면 바로 로마 교회와 수도원입니다.

앞서 말한 게르만족 중에 고트족은 그래도 로마와 가까운 지역에 살았기 때문에 복음을 들을 수 있는 기회가 있었습니다. 울필라스 같은 사람이 고트족 언어로 성경을 번역해 주었기 때문에, 이들은 로마를 점령했을 때도 교회는 파괴하지 않았습니다.

하지만 바이킹족은 교회가 뭔지, 수도원이 뭔지 몰랐던 것입니다. 그들은 오로지 탐욕으로 가득 차 그런 곳을 더 열심히 뒤져서 보물을 노략질하고 사람들을 잡아 노예와 첩으로 삼았습니다.

그런데 놀라운 사실은 그렇게 잡혀간 그리스도인들을 통해 복음이 바이킹족에게 전해지게 되었다는 것입니다. 참 놀라운 일이죠.

우리는 여기서 한 가지 교훈을 기억해야 할 것입니다.

"예수님이 가라고 할 때 가지 않으면 잡혀서라도 간다…."

그리스도인이 자기들끼리만 복음을 누리려 하고, 복음을 전하지 않더라도 복음은 어떤 방법으로든 확장됩니다. 이것이 역사의 교훈입니다. 하나님은 이제껏 한 번도 복음을 묶어 놓으신 적이 없습니다.

Back To The Bible

바이킹족에게까지 기독교가 확장되면서 교황청의 세력은 점점 막강했습니다. 어떤 왕도 교황청의 세력 앞에서 반기를 들 수 없게 되었습니다. 독일의 황제, 하인리히 4세가 교황이었던 그레고리 7세를 찾아가 눈 위에서 맨발로 3일 동안 용서를 빌었던 카노사의 굴욕*이 그것을 설명해 줍니다.

사실 그 무렵의 교회는 부를 쌓아 놓고 재물을 축적하는 데만 열을 올렸습니다. 교황 레오 10세*는 바티칸에 베드로 성전을 짓는데, 돈이 부족하자 무식한 지혜를 발휘합니다. 당시 유럽의 그리스도인은 성경을 몰랐습니다. 성경은 사제들만이 볼 수 있는 신성한 것이었습니다. 사제들은 설교를 할 때도 라틴어*로 했습니다. 촌에서 농사나 짓는 농부들이 어떻게 라틴어를 알겠습니까? 그냥 아무 것도 모르면서 예배 시간에 일어났다 앉았다 하는 거지요.

그러던 어느 날 이런 순진무구한 농부들에게 바티칸에서 파송한 사제들이 "너희 부모들이 천국에 가지 못하고 지금 연옥(죽은 사람의 영혼이 천국에 들어가기 전에 남은 죄를 씻기 위하여 불로 단련받는 곳)에 있다. 그러나 헌금통에 동전이 떨어지는 순간 부모들은 천국에 간다." 는 믿지 못할 이야기를 합니다. 성경을 직접 읽어 본 적이 없는 그들은 그저 사제들의 말을 따를 수밖에 없었습니다.

그들은 이미 돌아가신 부모님을 천국으로 보내기 위해 뼈 빠지게 농사 지어 모은 돈을 헌금통에 넣었습니다. 이것이 그 유명한 면죄

부 사건입니다.

사제들은 그렇게 마련한 돈으로 바티칸에 베드로 성당을 짓습니다. 성경을 연구하던 마르틴 루터* 신부는 성경을 가지고 있었고, 성경을 알고 있었습니다. 그는 바티칸 교황청에서 내려오는 지시가 너무나 터무니없다고 느꼈습니다. 그래서 95개조의 반박문을 써서 벽에 붙입니다.

사실 이것은 일개 사제의 힘으로 해결할 수 있는 문제가 아니었습니다. 마르틴 루터 자신도 막강한 교황청에 대항해 개혁을 일으켜야겠다는 생각은 꿈에도 없었을 것입니다.

그러면 누가 이 변질된 복음을 회복시킨 것일까요? 역사의 키를 가지고 계신 하나님이십니다. 하나님이 더 이상 견딜 수 없으셨던 것입니다. 하나님께서 마르틴 루터로 하여금 개혁의 깃발을 들게 하셨습니다.

그리고 루터가 살던 독일뿐만 아니라 프랑스와 영국에서도 교황청의 비성경적이고 터무니없는 가르침에 대항하여 16세기 종교개혁가였던 츠빙글리, 칼뱅, 존 녹스 등 하나님의 사람들이 일어났습니다. 이들 종교개혁가들이 외쳤던 것은 오직 하나였습니다.

"성경으로 돌아가자(Back to the Bible)", 성경에 없는 것을 가르치지 말고, 성경대로 살자는 것이었습니다. 하나님은 변질된 복음을 회복시키시고, 완전한 복음으로 땅 끝까지 가기를 원하셨습니다.

선교는 진리의 말씀을 들고 이방인에게 나아가는 것입니다. 진리가 왜곡되거나 변질되어서는 안 됩니다. 이 진리의 말씀을 모든 민족에게 알리기 위해 틴데일*은 목숨을 걸고 영어로 성경을 번역하기 시작했습니다.

그 후 마르틴 루터는 독일어로 성경을 번역했고, 틴데일은 위클리프*가 못다한 성경 번역을 완수하다가 화형을 당하며 순교했습니다. 그는 화형을 당하는 순간에도 "많은 백성들이 하나님의 말씀을 읽을 수 있도록 왕의 마음을 바꿔 달라."고 기도했습니다.

그 기도의 응답은 틴데일이 순교한 지 70년 후 영국의 제임스 왕* 때, 이루어졌습니다. 제임스 왕이 성경 번역을 허락한 것이죠. 그래서 출간된 성경이 킹 제임스 번역 성경입니다.

● ● ●
윌리엄 틴데일 (1495-1536) 영어성경의 아버지라 불리는 윌리엄 틴데일. 그는 정확한 영어성경을 출판하기 위해 히브리어와 헬라어 원어 성경을 번역했다. 불행히도 교회의 권세자들의 반대로 인해 신약성경과 구약의 일부를 번역하는 데 그쳤다. 그 성경이 최근에까지 거의 모든 영어성경의 번역의 기초가 되었다.

위클리프 (1330-1384) 중세 말기의 영국 종교 개혁자. 가톨릭교회를 비판하고 성서주의(聖書主義)를 제창하여 성서의 영어 번역을 꾀했으나 몰수되었다.

제임스 왕 영국 스튜어트 왕조의 왕. 찰스 2세를 이어 즉위했다. 즉위 후 카톨릭을 부활시키고 1611년 성경을 발간했다. 그러나 1688년 명예혁명이 일어나자 프랑스로 망명했다.

03

전파하는 자가 없이 어찌 들으리요 보내심을 받지 아니하였
으면 어찌 전파하리요_로마서 10:14-15

위대한 세기

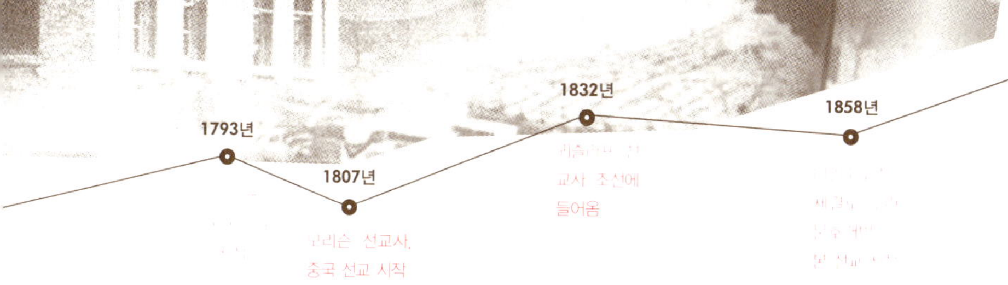

바울 사도부터 시작된 복음은 인간의 노력 이전에 하나님의 강권적인 역사로 진화 확장됩니다. 박해와 핍박 속에서도 복음은 전 유럽에 걸쳐 모든 나라와 민족을 휘감으며 뻗어 나갑니다.

이 회복된 복음은 19세기에 들어서 본격적으로 인도와 중국, 일본으로 들어옵니다. 그러나 동방의 작은 나라, 우리나라에 복음이 오기까지는 결코 쉽지 않은 여정이 기다리고 있었습니다.

유럽의 선교사들이 우리나라에 들어오기 위해 태평양과 대서양을 건너오다가 큰 태풍을 만나

진로가 바뀌기도 하고 여러 가지 역경에 부딪혀 번번이 실패하고 맙니다. 그럼에도 캐나다, 미국, 호주, 영국에서 많은 선교사들이 목숨을 걸고 우리 민족에게까지 복음을 들고 찾아옵니다.

19세기를 위대한 세기로 만들었던 그 첫 출발점에 윌리엄 캐리 선교사가 있었습니다. 그는 선교의 발걸음을 처음으로 내딛는 개척자입니다. 위대한 세기의 문을 열면 제일 먼저 선교 개척자로서 고난과 역경의 삶을 살았던 '근대 선교의 아버지' 윌리엄 캐리 선교사를 만날 수 있습니다.

구두 수선공 윌리엄 캐리

18세기 당시 영국 교회의 지도자들은 "지상 명령은 오로지 사도들에게만 주어졌다"고 믿었습니다. 또한 이들은 다른 나라 사람들의 회심은 식민지 사업과 관계가 없는 한 자신들과는 아무런 상관이 없다고 생각할 정도였습니다. 또다시 회복된 복음마저 사도행전 10장과 11장에 나오는 마인드(Mind)의 장벽에 부딪히고 만 것입니다.

당시 영국은 '해가 지지 않는 나라' 라고 불릴 만큼 전 세계 곳곳에 식민지를 가지고 있었습니다. 그들은 많은 점령지에 대한 소식과 그 땅에 살고 있는 이교도들에 대한 정보를 듣고 있었습니다.

윌리엄 캐리는 하나님의 말씀을 읽는 중에 모든 민족들에게 가서 복음을 전해야 한다는 주님의 마음을 깨닫게 되었습니다. 그리고 어느 목사님들의 모임에서 인도에 가서 복음을 전하겠다는 말을 합니다. 당시 교회 지도자들은 윌리엄 캐리를 철없는 젊은이로 생각하고 윌리엄 캐리를 향해 "Young man, sit down." 이라고 외칩니다. 한마디로 까불지 말고 앉으란 얘기지요. 젊은 청년이 뭘 알겠느냐는 말입니다. 그러고는 "만약 하나님께서 이방인을 개종시키려고 하신다면 자네나 우리의 도움 없이도 얼마든지 하실 수 있어." 라고 말합니다.

이것이 바로 그 당시 교회 지도자들의 마인드였습니다. 하나님의 절대주권을 인정하는 것까지는 좋았는데 그들의 생각은 성경을 너무 벗어나 하나님의 주권을 초월해 버린 것입니다. 그들은 '구차하게 우리가 안 가도 하나님께서 알아서 다 하실 것이다.' 라고 생각했습니다. "모든 민족으로 가서 복음을 전하라" 는 주님의 명령은 사도 시대에만 주어졌다고 가르쳤습니다.

윌리엄 캐리는 당시 지상 대명령에 대한 가르침이 잘못되었다는 것을 알았습니다. 그는 하나님의 말씀에 대한 신뢰가 있었고, 인도 사람들을 구원하기 위한 구령의 열정이 있었습니다. 그래서 이방인을 돼지나 뱀처럼 여겼던 선민의식과도 같은 이 장벽을 깨뜨리기 위해 작은 책*을 쓰기 시작했습니다.

사실, 캐리의 어린 시절은 매우 불우했습니다. 그는 구두 수선공을 하며 헬라어, 히브리어, 라틴어, 프랑스어, 독일어를 독학으로 공부하면서 자신을 향한 하나님의 부르심을 절대로 놓지 않았습니다. 결국 캐리는 교회에서 정식 파송을 받지 못한 채, 몇몇 사람들의 도움을 받아 인도에 가게 되었습니다.

교회 지도자들의 몰이해도 힘들었지만 캐리를 더 힘들게 했던 것은 아내의 완강한 반대였습니다. 처음 인도를 향해 마음을 품은 캐리는 아내 도로시를 설득했습니다.

"여보, 우리가 가야 저 인도 사람들이 복음을 듣지요. 우리 함께 갑시다."

이 말을 들은 도로시는 뒤도 돌아보지 않고 단호하고도 매몰차게 거절했습니다. 캐리는 이러지도 저러지도 못한 채 하나님의 인도하심을 바라며 기도했습니다.

그런데 아내 도로시가 뜻밖의 제안을 합니다.

"만약 내 여동생이 함께 가면 나도 가겠어요."

도로시가 마지막으로 내민 타협안 덕분에 캐리는 다행히 아내와 함께 인도로 출발할 수 있었습니다. 그러나 인도까지 가는 여정은 순탄치 않습니다.

지금 세계 지도를 펴놓고 영국과 인도를 재어 보세요. 얼마나 멀게 보입니까? 어쩌면 "에게~ 고작 한 뼘도 안 되네." 라고 대답하는 분도 있을 겁니다. 하지만 윌리엄 캐리가 인도를 마음에 품었던 1793년도에는 이 한 뼘의 거리가 지금처럼 비행기로 하루 만에 갈 수 있는 거리가 아니었습니다. 그러나 아무리 환경이 어렵다고 해도 인도를 향해 불타오르는 캐리의 신념은 꺾을 수 없었습니다.

인도에 가기 위해 캐리 가족은 장장 5개월 동안 배를 탔습니다. 배에서 하루만 멀미를 해도 완전히 맛이 갑니다. 아무리 맛있는 산해진미를 가져다 줘도 다 보기 싫습니다. 드넓은 바다의 낭만과 넘실거리는 파도의 출렁임은 오히려 속을 뒤집어 놓기만 할 뿐입니다.

5개월에 걸친 선박 생활을 마치고 인도에 도착한 캐리 가족에게, 인도 생활은 고달픈 나날의 연속이었습니다. 사실 그 당시 인도는 쉽게 선교할 분위기가 아니었습니다. 실권을 가지고 있는 동인도회사*는 선교 사역 때문에 자신들이 손해를 볼까 두려워 선교에 심한 적대감을 나타냈습니다.

인도에 오기 전 그가 품었던 선교의 꿈은 점차 시들어 갔습니다. 그러던 중 1794년, 유달리 영리했던 그의 다섯 살짜리 아들 피터가 그만 죽고 맙니다. 그 일이 있은 후, 도로시는 거의 반미치광이가 됩니다. 게다가 그녀는 밤마다 들려오는 맹수 소리와 가까이하는 것조차 소름끼치는 인도의 더러움, 그리고 코를 찌르는 역한 냄새들로 참기 힘들었을 것입니다. 그리고 마음에 갇혀 있었던 괴로움과 억울함을 남편에게 보란 듯이 쏟아 내기 시작했습니다. 더 이상 그녀는 동역자가 아닌 '방해꾼' 이 되었습니다.

최악의 상황이었습니다. 윌리엄 캐리는 제대로 된 선교도 하기도

전에 지쳐 버렸습니다. 회의감이 몰려왔습니다.

그럼에도 캐리는 성경을 인도어로 번역하기 위해 온 힘을 기울입니다. 1812년 어느 날, 8년 가까이 번역한 성경이 완성 단계에 이르렀을 때, 키우던 강아지가 촛불을 건드리는 바람에 작성한 번역 원고가 모두 불에 타버리고 맙니다.

그때 윌리엄 캐리*는 잿더미가 된 원고를 바라보며 무슨 생각을 했을까요? 그동안 온갖 고생을 다하며 오직 인도인에게 말씀을 읽게 해 주겠다는 신념 하나로 스스로 어려운 길을 선택했건만…. 그러나 캐리는 이 엄청난 파국 앞에서 하나님을 원망하기는커녕 오히려 다음과 같이 기도합니다.

"하나님, 감사합니다. 하나님께서 제 원고가 부족하다는 것을 아시고 다시 완전하게 번역하라고 없애신 뜻으로 알겠습니다. 다시 시작하겠습니다."

1761년 8월, 영국 노스햄프턴에서 태어난 캐리는 하나님의 부름을 받아 인도에서 헌신하는 41년 동안 단 한 번도 고향을 찾지 않았습니다. 그리고 1834년 6월, 73세를 일기로 인도의 세람포에 묻힐 때까지 그는 인도를 위해서, 그리고 하나님을 위해서 자신의 모든 것을 바쳤습니다.

캐리는 늘 이렇게 말했습니다.

Expect great thing from God, Attempt great thing for God.

하나님으로부터 위대한 일을 기대하라. 하나님을 위해 위대한 일을 시도
하라.

바로 이러한 마음이 평범한 구두 수선공을 근대 선교의 아버지로
만들어 준 것인지도 모릅니다. 잘나고 똑똑한 사람이 아니라 부족하
지만 하나님을 신뢰하는 그를 통해 구원을 향한 열심이 세상에 선포
되었습니다.

그래서 그가 선교의 포문을 열었던 19세기를 '위대한 세기(Great
Century)'라고 부릅니다. 그 이후로 인도뿐만 아니라 중국과 일본 그
리고 19세기 말 1885년, 당시 조선이란 국호를 가진 우리나라에까
지 복음이 들어왔기 때문입니다.

중국 선교의 첫 주자, 모리슨 선교사

언젠가 마카오에 있는 모리슨 선교사 묘지를 방문한 적이 있습니
다. 저는 모리슨 선교사가 세운 교회와 묘지 앞에서 깊은 감동을 받
았습니다. 그가 겪은 시련과 역경이 너무도 값지기 때문입니다. 그
희생의 열매로 우리 민족 또한 복음을 들을 수 있는 기회를 가지게
되었으니까요.

한국 선교의 뿌리를 이해하려면 꼭 중국 선교사님들의 삶을 알아

야 합니다. 그 첫 주자가 모리슨 선교사입니다.

모리슨은 1803년 고스포트(Gosport)의 선교사 아카데미(The Missionary Academy)에서 중국에 관한 많은 정보들을 얻었습니다. 중국에 관한 정보를 듣자마자 그는 중국에 대한 마음을 품습니다. 복음이 전혀 들어가지 않은 미지의 개척지 중국, 그는 죽음을 각오하고 중국 대륙에 뛰어들기로 결심합니다.

1805년 모리슨의 나이 23세 때, 런던선교회*에 중국 선교를 가기 위한 신청서를 제출했습니다. 이듬해 런던선교회는 모리슨을 중국 선교사로 내정하고 본격적인 선교사 훈련에 돌입했습니다. 특히 대영박물관(British Museum)에 소장된 중국 서적들을 통해 현지 훈련을 하고, 의학과 천문학 지식까지 두루 갖추게 했습니다.

1807년 1월 8일 목사로 안수 받은 모리슨은 그달 31일에 25세의 앳된 나이로 레미탠스(Remitance) 호에 몸을 실었습니다. 직항로가 없었기에 미국을 거쳐 수천 년의 역사로 다져진 대륙을 향해 나아갔습니다. 1807년 9월, 드디어 배가 마카오에 다다랐습니다. 끝없이 펼쳐진 광활한 대륙에 첫 발을 내딛는 순간, 모리슨의 코끝이 찡했습니다. 대륙의 진한 흙냄새는 그를 더욱 진한 감동으로 내몰았습니다.

그러나 어렵사리 도착한 중국에서의 생활은 말 그대로 산 넘어 산이었습니다. 당시 중국은 어떤 나라와도 문호를 개방하지 않았던 때

였습니다. 당연히 외국인을 보는 시선이 고울 리 없었습니다. 정부
는 외국인과 내국인이 접촉하는 것 자체를 금했습니다. 게다가 서양
사람이 동양에 와서 문화적 차이를 얼마나 크게 실감했겠습니까?
그 자체가 고난이었을 것입니다. 하지만 그 정도의 고난에 넘어진다
면 중국 선교의 역사는 써지지 않았을 것입니다.

또 다른 문제가 있었습니다. 그가 중국에 도착했을 때, 이미 천주
교 신부들이 마카오에 자리를 잡고 있었습니다. 그들은 젊은 개신교
선교사가 자신들의 구역에 온 것을 달가워할 리 없었습니다. 그들에
게 모리슨은 눈엣가시 같은 존재였습니다. 의지할 곳
하나 없고 안면부지 하나 없는 젊은 모리슨은 오로지
자신을 그곳으로 인도하신 하나님만 바라보았습니다.

그러나 모리슨*을 힘들게 한 사람은 이들만이 아니었
습니다. 당시 동인도회사는 재 중국 무역의 전매특권을
가졌기 때문에, 동인도회사 상인들은 "동인도 회사 소
속 상인 이외에 그 누구도 이곳에서 머물 수 없다."며
모리슨을 협박했습니다. 머나먼 타국 땅에서 같은 민족
을 만났는데, 오히려 동족이 더욱 지독하게 그를 힘들
게 했던 것입니다.

할 수 없이 모리슨은 중국에서 선교를 하기 위해 동인
도회사의 통역관으로 취직했습니다. 하지만 이 일이 본부와의 갈등
을 불러일으키면서 모리슨에게 심한 부담으로 작용했습니다.

로버트 모리슨 (1782-
1834) 영국에서 태어난 로
버트 모리슨은 15세에 회
심했고, 20살 때 런던선교
회에 해외 선교사로 지원하
여 중국 광동에 선교사로
떠났다. 중국에 도착한 그
는 중국어를 배우며 사전을
편찬하고 1815년에는 신
약성경을 출간했다. 1824
년, 영국에 귀국했다가 2년
후 가족과 다시 광동으로
돌아와 기독교 서적들을 번
역하고 전도 하다가 하나님
의 부름을 받고 눈감았다.

모리슨은 창문 하나 없이 발을 뻗기도 모자란 지하 단칸방에서 생활했지만 창문 밖 세상은 그가 꿈꿔 온 광활하고 드넓은 나라, 구름 떼처럼 많은 사람들에게 복음을 전할 수 있는 나라였습니다. 그랬기에 몸이 힘든 것은 얼마든지 참을 수 있었습니다.

말이 통해야 복음을 설명할 텐데, 도대체 사람들하고 얘기를 할 수 없으니 우울증에 걸릴 지경이었습니다. 더군다나 당시 중국 정부는 외국인에게 중국어로 된 책을 팔거나 중국어를 가르치는 것을 철저히 금하고 있었습니다.

모리슨은 이에 굴하지 않고 변발에 중국 옷을 입고 중국 음식을 먹으며 중국인이 되기로 작정했습니다. 그의 노력 덕분에 몇몇 중국인과 사귈 수 있었고, 그들에게 중국어를 배울 수 있었습니다. 하지만 중국 정부의 감시가 얼마나 심했던지 모리슨에게 중국말을 가르쳐 주던 언어 선생님은 늘 가슴속에 극약을 가지고 다닐 정도였습니다.

그런 힘든 상황 속에서 마침내 모리슨은 중국어로 성경을 번역할 수 있었습니다. 사전이 만들어졌고, 정기 간행물이 생겨났습니다.

만약 모리슨이 중국의 문호가 개방되고 나서 복음을 전하러 갔다면 중국 선교의 역사는 달라졌을 것입니다. 또한 우리에게 복음이 전해질 기회는 훨씬 더 지연되었을 것입니다. 그러나 그가 지하 단칸방에서 외롭게 기도했을 때 하나님은 그 기도를 들으시고 그를 중국 복음화의 첫 번째 주인공으로 사용하셨습니다.

귀츨라프표 감자

모리슨 선교사의 다음 주자로 중국 선교에 지대한 영향력을 끼쳤던 선교사는 귀츨라프 선교사입니다. 그는 1832년 우리나라 땅을 밟은 첫 선교사입니다.

"도대체 저기에 떠 있는 저 큰 놈이 뭐다냐?"

"글씨유, 배 모양으로 생기기는 했는데, 고기 잡는 배 같지는 않고, 저도 도통 모르것슈~"

때는 1832년 7월 26일, 고대도(충남 보령에 있는 작은 섬으로 안면도와 원산도 그리고 삽시도와 장고도 한 가운데에 있다) 앞바다에 한 번도 본 적이 없는 쇠로 만든 큰 배가 하나 나타났습니다. 나무로 만든 고기잡이배가 전부인 줄 알았던 순진한 사람들에게 일천 톤 군함은 그 자체로 어마어마하게 큰 두려움의 대상이었을 것입니다. 이 배는 다름 아닌 영국 동인도회사 소속의 암허스트 호였습니다.

암허스트 호는 중국 산둥반도를 거쳐 일본 오키나와로 가는 중 장산곶을 지나 남하하다가 짙은 안개와 심한 바람으로 백령도 중화 포구에 배를 정선하게 되었습니다.

의도된 목적지가 아니었기에 당황하기는 배 안에 있는 사람들이나 배 밖에 있는 사람들이나 마찬가지였습니다. 암허스트 호는 그곳에 일주일을 정박하다가 조선 관원의 요청으로 배를 고대도 안항으로 옮겨 정박하게 되었습니다. 큰 쇳덩이가 바다에 둥둥 떠 있는 것을 본 수많은 동네 사람들은 그 안에서 누가 나오나 숨죽이며 살펴

보았습니다.

아니나 다를까 배 안에서 사람인지 괴물인지 모를, 키는 꺽다리처럼 크고, 이상한 차림의 사람들이 하나둘씩 나와 작은 배에 옮겨 타고 육지로 건너오고 있었습니다. 맨 앞에 대장같이 보이는 부리부리한 사람이 있었습니다. 그는 그 배의 선장 린제이(Hugh Hamilton Lindsay)였습니다. 린제이는 67명의 선원들과 함께 극동의 새로운 통상지를 개척 탐사하고, 그 지방관의 통상 개시에 관한 관심을 살피려고 항해하던 중 예기치 못한 이변을 만난 것이었습니다.

그 배에는 모리슨 선교사의 추천으로 귀츨라프가 의사 겸 통역관으로 동승하고 있었습니다. 사실 그는 독일 루터교 출신의 목사였습니다. 그러나 귀츨라프가 이 배에 탄 목적은 다른 데 있었습니다. 그것은 귀츨라프가 남긴 다음과 같은 기록을 통해서 알 수 있습니다.

7월 17일, 고깃배를 타고 있는 남루한 차림의 두 어부를 만났고, 그 중 한 노인에게 성경과 사자표 단추를 주었더니 매우 좋아하였다. 7월 25일 한국 관원의 요청으로 배를 고대도 안항으로 옮겨 정박하였으며, 섬 사람들은 신기한 서양 배와 서양 사람들을 구경하려고 모여들었다. 나는 이런 기회를 놓치지 아니하고 성경과 전도지를 나누어 주었다.

당시 조선은 순조(재위 1800-1834) 통치 말년이었습니다. 가톨릭교도들이 수십 년 동안 모진 박해를 받고 김조순을 중심으로 안동 김씨가 세도를 부릴 때였습니다. 정치는 문란해지고 민생이 도탄에 빠져 각종 참설이 유행하는 등 민심이 흉흉했던 때였습니다.

물론 중국에서 오래 거주해 동양 사정이 밝은 귀츨라프가 조선의 천주교 박해와 쇄국정책을 모를 리 없었습니다. 이 위험한 곳에서 복음을 전한다는 것은 어쩌면 자살 행위와도 같은 것이었습니다.

하지만 그것은 하나님이 주신 기회였습니다. 귀츨라프는 모두가 기상이변으로 인해 어쩔 수 없이 이곳에 왔다고 불평했을 때 그것이야말로 하나님의 마스터플랜 속에서 이루어진 분명한 증표라고 생각했습니다.

그는 배가 정박한 동안 조선 땅을 유심히 살펴보았습니다. 하나님의 말씀을 뿌리기 위해서 말입니다. 그는 조선의 첫인상에 대해서 이렇게 이야기했습니다.

조선인은 세상에서 가장 사람을 싫어하는 민족이라 하지만, 침략자를 충분히 물리칠 수 있는 용기를 가진 민족이라고 말해 주고 싶다. 처음 조선인을 대면할 때부터 매우 의아하게 생각한 점인데, 그들이 겁이 많으며 무엇이든지 강하게 요구하면 불평 없이 굴복한다는 나의 선입관을 입증할 만한 어떤 충분한 근거도 찾지 못했다.

조선인들이 우리에게 냉담한 감정을 나타낸 것은 분명하지만, 악의 없는 외국인을 원수같이 대할 때 마음속에 갈등이 일고 있음을 알아차렸다.

모든 인간의 가슴속에 있는 타고난 감정을 없앨 수는 없기 때문이다.

고대도에 정박한 귀츨라프 일행은 이제 그들의 목적대로 통상을 시작하기 위해 관리들과 접촉을 시도했습니다. 하지만 그것은 쉬운 일이 아니었습니다. 어느 고을에선가 서양 사람들과 접촉하고 함께 모임을 했다는 이유로 수많은 사람들의 목이 잘려나갔다는 소문을 익히 들었기 때문입니다. 어떤 사람들은 "당장 물러가지 않으면 군병들을 불러 몰아내겠다."고 협박하기도 했습니다.

며칠 후, 다행히 홍주목의 관리인 듯한 지방관을 만날 수 있었고, 그를 통해 국왕에게 통상을 정식으로 청원하는 서한과 함께 성서 한 질과 전도 문서, 그리고 유리 그릇, 옥양목, 모직물, 담요 등의 선물을 전할 수 있었습니다.

국왕으로부터의 회신을 기다리는 동안 귀츨라프 일행은 그곳 사람들과 접촉을 시도했습니다. 큰 배 안이 어떻게 생겼는지 궁금해 하는 사람이 적지 않은 터라 그들을 불러 서양 음식을 맛보게 하며 전도 문서를 나누어 주었습니다. 또한 배의 선원들이 지방 관리들의 식사 초대를 받는 등 처음 조선 사람들과의 접촉은 꽤 성공적인 듯 보였습니다.

그리고 조선에 도착한 지 닷새 만에 귀츨라프는 등에 한 보따리 짐을 지고는 해변으로 내려가 땅을 일구고 무언가를 심기 시작합니다. 바로 영양 만점 '귀츨라프표 감자' 입니다. 100여 개가 넘는 감자를 심고 있는 그를 보러 수백 명의 주민들이 몰려들었습니다. 귀츨라프는 감자를 다 심고 난 뒤에 재배법을 정리한 종이를 땅 주인에게 주었습니다. 먹을 것이 귀했던 사람들에게 이것은 눈물나게 고마운 일이었습니다. 하지만 속으로는 '도대체 이 서양 사람들이 와서 우리한테 왜 이렇게 잘해 주지?' 생각하며 경계의 마음을 늦추지 않았겠지요.

마을 주민들과 조금씩 안면을 익히고, 서로 도움을 주고받은 귀츨라프*는 한 가지 대담한 일을 계획합니다. 마을 사람들이 서민들이어도 글을 읽고 쓸 수 있다는 것을 발견하고는 곧바로 주기도문을 번역하기로 결심한 것이죠. 이미 천주교도들이 몰살당한 것을 알고 있는 터라 그것은 너무나 무모한 행동이었습니다.

귀츨라프는 오랜 노력 끝에 '양이'라는 한 조선 사람을 설득하여 그를 배 안으로 데려와 한글 자모 일체를 쓰도록 시켰습니다. 귀츨라프가 한문으로 주기도문을 쓰자, 양이는 그것을 한글로 읽는 동시에 번역했습니다. 7월 삼복더위에 누가 볼까 싶어 좁은 배 안에 들어가 숨을 죽이며 글을 썼습니다. 걸리면 죽을 수도 있다는 것을 서로 잘 알고 있었기 때문입니다. 드디어 우리 민족에게도 주님께서 가르쳐 주신 기도가 생기는 순간이었습니다.

8월 초, 한양에서 회신이 올 때가 임박하자 귀츨라프 일행에 대한 관리들의 태도는 점차 굳어졌습니다. 8월 9일, 한양에서 내려온 특사는 서한과 선물을 돌려주며 중국 황제의 허락 없이는 외국과 통상할 수 없다고 통보합니다.

귀츨라프 (1803- 1851)
네덜란드의 목사 · 의사 · 동양학자. 조선 시대에 상선을 타고 충청남도 홍성군 고대도에 들어와 주민들에게 한자로 된 성경을 나누어 주고 복음을 전파하려고 했으나 실패하고, 감자 심는 법과 포도 재배법을 가르쳐 준 뒤, 한 달 만에 마카오로 돌아갔다.

귀츨라프 등은 조선이 중국의 속국이 아님을 주장했으나 소용없는 일이었습니다. 이제 막 뭔가를 시작해 보려는 귀츨라프에게 크나큰 절망감이 몰려왔습니다. 그들은 관리들로부터 약속받은 식량 등을 공급받은 뒤, 결국 미지의 나라 조선을 떠날 수밖에 없었습니다. 이리하여 한 달 남짓한 귀츨라프의 복음 사역은 일단 막을 내리게 됩니다.

모두가 이번 항해는 실패 중의 실패라고 좌절하고 있을 때, 귀츨라프의 심장은 거친 파도소리보다 더 크게 요동치고 있었습니다. 그의 얼굴은 희망의 끈을 찾은 듯한 표정이었고, 그의 머리는 하루 빨리 중국으로 돌아가 앞으로 자신이 서둘러 해야 할 일들에 대해 정리해 나가고 있었습니다.

비록 눈에 띄는 성과는 없었지만 그는 하나님의 계획을 보았습니다. 조선 사람들이 지금은 비록 문을 굳게 닫고 있지만 누군가가 분명 반응할 것이라는 확신을 가졌습니다.

이 모든 일들은 내가 늘 기도로 하나님의 은혜로운 섭리를 간구한 결과 이뤄진 하나님의 역사다. 조선에 파종된 하나님의 진리는 사라져 버릴 것인가? 나는 그렇지 않다고 믿는다. 머잖아 주님께서 예정하신 때가 되면 많은 결실이 있을 것이다. 전능하신 하나님께서는 쇄국정책을 제거하시고 우리로 하여금 이 약속된 땅에 들어가도록 허락하실 것이다.

조선 국왕이 처음에는 거절하였던 성서를 지금 갖고 있는지 또한 읽고

있는지 나는 알 수 없다. 그러나 관리와 주민들은 성서를 받았다. 이 첫 전도는 보잘것없지만 하나님께서 축복해 주실 것을 확신한다. 조선에 어두움이 가고 속히 새벽이 오기를 다같이 바랄 뿐이다.

조선을 떠나면서도 그는 "전능하신 하나님께서 쇄국정책을 거두어 이 약속의 땅에 복음이 들어가도록 허락하실 것이다." 라는 믿음을 가졌습니다. 그리고 중국으로 돌아가서도 세계 복음의 일꾼들에게 조선에 관한 정보를 제공합니다.

마카오에 도착한 귀츨라프는 'China Evangelical Society' 라는 선교회를 세웠습니다. 이 선교회는 중국 땅에 복음의 씨앗을 뿌리는 데 크게 공헌했습니다. 그로부터 몇 년 후, 이 선교회를 통해 처음으로 중국 땅에 파송되는 선교사가 탄생하게 되는데 그가 바로 1854년 상하이로 들어오는 허드슨 테일러입니다.

내륙의 은인, 허드슨 테일러

귀츨라프 선교회의 첫 파송 선교사는 허드슨 테일러입니다. 1854년, 그는 리버풀을 출발해 23주에 걸친 긴 항해 끝에 상하이에 도착했습니다. 중국 선교가 1842년에 시작되었다고 본다면 이미 그때는 중국 선교가 시작된 지 10년이 지났을 때입니다. 더 이상 중국에서 선교사들은 낯선 존재가 아니었습니다.

상하이에 도착한 허드슨 테일러는 많은 선교사들을 만났습니다. 하지만 그들은 허드슨 테일러가 상상하던 모습이 아니었습니다. 허드슨 테일러는 중국에 오기 전, 스스로 빈곤한 생활에 적응하도록 단련해 왔습니다. 영양실조에 걸릴 정도로 음식을 먹지 못했고, 고된 생활에 대비하기 위해 푹신한 침대도 스스로 걷어 치웠습니다. 하지만 그가 만난 상하이 선교사들의 삶은 그의 상상과는 너무 달랐습니다. 풍요롭고 안락한 생활에 사치스럽기까지 했던 것입니다.

당시 22살의 젊은 선교사에게 그것은 참으로 이해할 수 없는 광경이었습니다. 이미 정착해 있던 선교사들 또한 앞뒤 꽉 막힌 이 젊은 선교사가 반가울 리 없었습니다. 새파랗게 젊은 선교사가 위아래도 모르고 대든다는 것이지요. 그러고는 허드슨 테일러를 선교사로 인정하지 않았습니다.

하지만 허드슨 테일러가 누굽니까? 그는 1832년 영국 요크셔 지방의 반슬리에서 태어나 "너는 나를 위하여 중국으로 가라."는 하나님의 음성을 듣게 된 순간부터 그의 전 인생을 걸고 기도로 준비한 사람입니다. 그는 하나님이 자신을 중국으로 부르셨다는 강한 확신 속에 선교사가 되기 위해 구체적인 준비와 훈련을 해 왔습니다.

그는 중국인에게 복음을 전하기 위해서 가장 먼저 준비해야 할 것이 중국어라고 생각하고, 독학으로 중국어 공부를 했습니다. 중국어 사전도, 문법책도 얻을 길이 없었던 그는 간신히 만다린어(중국의 표준어)로 된 누가복음서를 하나 구해서 일일이 단어들을 대조해 가면서 스스로 중국어 사전을 만들었습니다. 그렇게 열정으로 노력한 끝에 중국 선교사로 파송받은 것입니다.

결국 그는 기존 선교사들이 자리를 잡고 있던 해안 지역을 포기하고, 1865년 CIM(China Inland Mission)을 설립했습니다. 그리고 직접 중국어 성경을 가지고 중국 내륙으로 들어가서 복음을 전했습니다.

하지만 외국인 선교사들에게 익숙한 해안지대 사람들과는 달리 내륙 사람들은 그를 곱지 않은 시선으로 바라보았습니다. 허드슨 테일러는 중국인에게 다가가기 위해 갑갑하기 짝이 없는 비단 옷과 굽이 전혀 없는 신발에 적응하는 불편함도 기꺼이 감수했습니다. 하지만 검은색과 노란색의 머리 색깔 차이만큼은 어쩔 도리가 없었습니다.

그래서 어느 날인가는 암모니아를 머리에 부어 머리를 검게 태워야겠다는 무식한 용기를 내기도 했습니다. 이런 무모함 때문에 암모니아가 눈에 들어가 하마터면 장님이 될 뻔 했지만 그는 아랑곳하지 않았습니다.

당시 중국은 기독교 신앙을 받아들였다는 홍수전*이 청왕조에 대한 반감을 표출하여 주도한 '태평천국의 난'이 초기의 성격을 잃고 부패한 정치 운동으로 타락하고 있을 때였습니다.

이러한 어려움과 더불어 허드슨 테일러는 날로 악화되는 건강상의 문제로, 치료를 위해 여러 번 중국을 떠나 본국으로 돌아가야만 했습니다.

홍수전 (1814-1864) 중국 청나라 말기 태평천국의 창시자. 1850년에 광시성(廣西省)에서 군사를 일으켜 난징(南京)을 점령하고 태평천국을 세워 스스로 천왕이라 일컬었다. 청나라를 타도하고자 했으나, 내분과 외국 군대의 공격으로 난징이 함락되기 직전에 자살했다.

그 무렵 그는 다음과 같이 고국에 편지를 썼습니다.

실질적인 선교 지원 이외의 어떤 것도 기대하지 않으며 중국에서 하나님을 섬기기를 원하는 열성적이고 헌신적인 젊은 사람들을 몇 명이나 찾을 수 있겠습니까? 아! 그런 협력자가 4, 5명만 있었으면….

아픈 몸을 치료하기 위해 고국으로 돌아간 그는 치료받는 것은 까맣게 잊어버린 채 교회를 돌아다니며 고군분투했습니다. 뿐만 아니라 영국, 호주, 캐나다, 미국 전역을 다니면서 중국 선교의 필요성을 선포했습니다. 그로 인해 수많은 사람들이 헌금 후원을 했고, 많은 젊은이들이 중국을 찾아오게 되었습니다.

그렇게 수차례 세계를 돌아다니며 내지 선교와 선교 동원에 힘을 쏟았습니다. 말년에 중국의 한 지방에 도착한 허드슨 테일러는 성문 위에서 펄럭이는 깃발을 보았습니다. 그 깃발에는 '내륙 은인'이라고 크게 새겨져 있었습니다. 그것은 허드슨 테일러를 환영하는 깃발이었던 것입니다.

후난성(湖南省)에서 73세의 나이로 열정적인 전도자의 생을 마친 허드슨 테일러, 그는 아직 그곳에 해야 할 일이 많이 남아 있다고 얘기합니다.

우리는 중국의 모든 현에 들어가 주님이 우리에게 주신 살신의 사랑과

그분의 생명력 있는 권위에 대해 전파하고자 한다. 어느 누가 이 영광스

런 사역에 우리와 동참하겠는가? 누가 기도로 우리를 돕겠는가? 그곳에

이미 들어가 있으며 또한 들어가고자 하는 모든 자들의 손을 누가 들어

줄 것인가?

또 하나의 미전도 종족

그런데 왜 동양에서 가장 먼저 복음이 들어간 나라가 중국이 되었

을까요? 17-18세기 유럽의 몇몇 국가들은 기술혁명과 사회혁명을

통해 자본주의 단계로 진입했습니다. 그들은 자본주의를 발전시키

기 위해서 원료기지와 상품시장을 찾아 세계 곳곳에 식민지를 확보

하는 데 주력했습니다. 서구 열강들이 하나같이 탐내는 대상은 토지

가 광대하고 자원이 풍부하며 인구가 많은 중국이었습니다.

서구 열강들은 중국을 빼앗기 위해 각축을 벌였습니

다. 19세기 초 영국은 중국에 아편을 밀매하기 시작했

습니다. 아편 밀매로 중국의 많은 은이 국외로 유출되

었고, 이로써 중국은 막대한 경제난에 처했습니다.

청 정부에서는 임칙서*를 광둥(廣東)으로 파견하는 등

강력한 금연정책을 실시했습니다. 그래서 1840년 영국

정부는 아편 무역을 비호하기 위해 서슴없이 무력을 동

원해서 중국을 공격했습니다. 이것이 그 유명한 아편전

임칙서 (1785-1850) 청나
라 말기의 정치가. 영국 상
인들이 소유한 아편을 몰수
해 상자를 불태우고, 아편
상인들을 국외로 추방하는
등 강경 수단을 써 아편 밀
수의 근절을 꾀했다. '태평
천국의 난'을 진압하라는
명을 받고 광시순무에 임명
되어 부임 도중 병사했다.

쟁의 시작입니다. 중국의 민중과 군대는 영국군에게 강경하게 대항했지만, 청 정부의 부패와 무능 때문에 결국은 침략자들에게 굴복하고 말았습니다. 결국 1842년 청 정부는 영국 정부와 '난징조약'을 체결할 수밖에 없었습니다.

난징조약에 따라 광저우(廣州), 푸저우(福州), 샤먼(廈門), 닝보(寧坡), 상하이(上海)의 5개 항구가 개방되었고, 그곳에는 외국인이 거주할 수 있게 되었습니다. 난징조약을 계기로 여러 서양 선교사들이 또한 중국에 들어오게 되었습니다.

당시 일본도 우리와 마찬가지로 서양 열방들에 대해 문을 굳게 닫고 있었습니다. 하지만 1853년 페리제독의 군함 4대가 일본 앞바다에 개항을 요구하며 무력 충돌을 감행했습니다. 개항이 아니면 전쟁이라는 강한 입장이었지요.

일본의 통치권자들은 전쟁을 불사하고서라도 계속 문을 걸어 잠그고 있을 것인지, 아니면 문을 열고 조약을 체결할 것인지 급히 회의를 합니다. 답은 의외로 간단했습니다. 중국이라는 거대한 제국도 서양 열방이 갖고 있는 대포라는 무기에 무참하게 쓰러졌기 때문에 전쟁을 하면 일본도 별수 없음을 깨달은 것입니다.

그러니 당연히 빨리 문을 열고 서구의 근대화를 받아들이는 것이 상책이었습니다. 그들은 맹목적인 서구 따라잡기를 통해 서구 열방의 일원이 되고자 했습니다. 결국 1858년 미일 수호조약이 체결되었고, 일본이 문호를 개방했다는 소식이 전 세계에 퍼졌습니다. 그러자 1859년부터 본격적으로 선교사들이 일본에 들어와 사역을 시작했습니다.

수많은 선교사들이 중국과 일본에서 사역하다가, 미전도 종족 하나를 발견하게 되었습니다. 그 종족이 누구겠습니까? 바로 조선입니다. 18세기, 우리나라는 미전도 종족이었습니다. 불과 얼마 전의 일입니다.

중국과 일본 땅에 있던 선교사들은 이 미전도 종족을 발견하고 그들에게 관심을 보이기 시작합니다. 자료를 조사하고, 정보를 수집하며 그 땅을 향해 무릎 꿇고 기도합니다. 그리고 강하게 우리나라의 문을 두드립니다.

지금 미전도 종족에 대한 소식이 들려올 때 여러분은 어떠한 감정이 느껴지십니까? 만약 조선이라는 미전도 종족에게 반응하는 그리스도인이 없었다면 우리 민족은 결코 하나님 앞에 돌아올 수 없었습니다. 그리스도인이 되기도 어렵지만 그분의 음성에 반응하는 것은 더욱 어렵습니다. 하지만 한 사람의 반응, 한 사람의 순종으로 한 나라 전체가 그리스도께 나아갈 수 있다면 그것은 충분히 가치 있는 일입니다.

조선의 첫 순
교자, 토마스
선교사

이수정, 일본
에서 한국어
성경 번역

한국 최초의
선교사 언더
우드와 아펜
젤러 도착,
알렌 선교사
한국 최초의
서양식 병원
광혜원 세움

14명의 조선
사람이 언더
우드 집에서
처음으로 예
배드림

대구선교롤
시작으로 경
상도 지역에
복음 전파

| 1866년 | 1883년 | 1885년 | 1887년 | 1890년 |

God's Time Line 〉〉〉

2부

세계를 품은 그리스도인

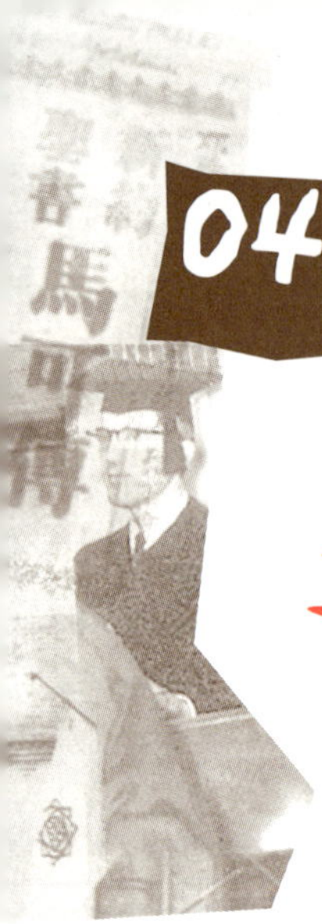

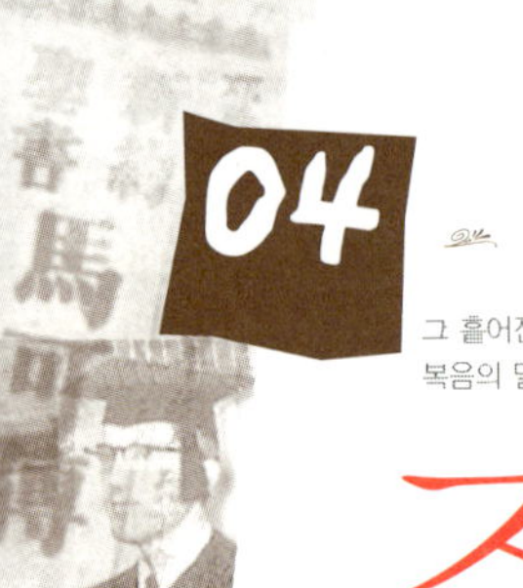

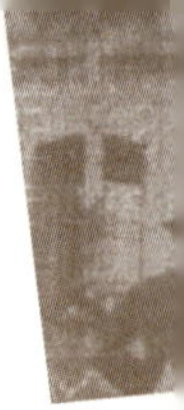

04

그 흩어진 사람들이 두루 다니며
복음의 말씀을 전할새_사도행전 8:4

조선의 문이 열리면

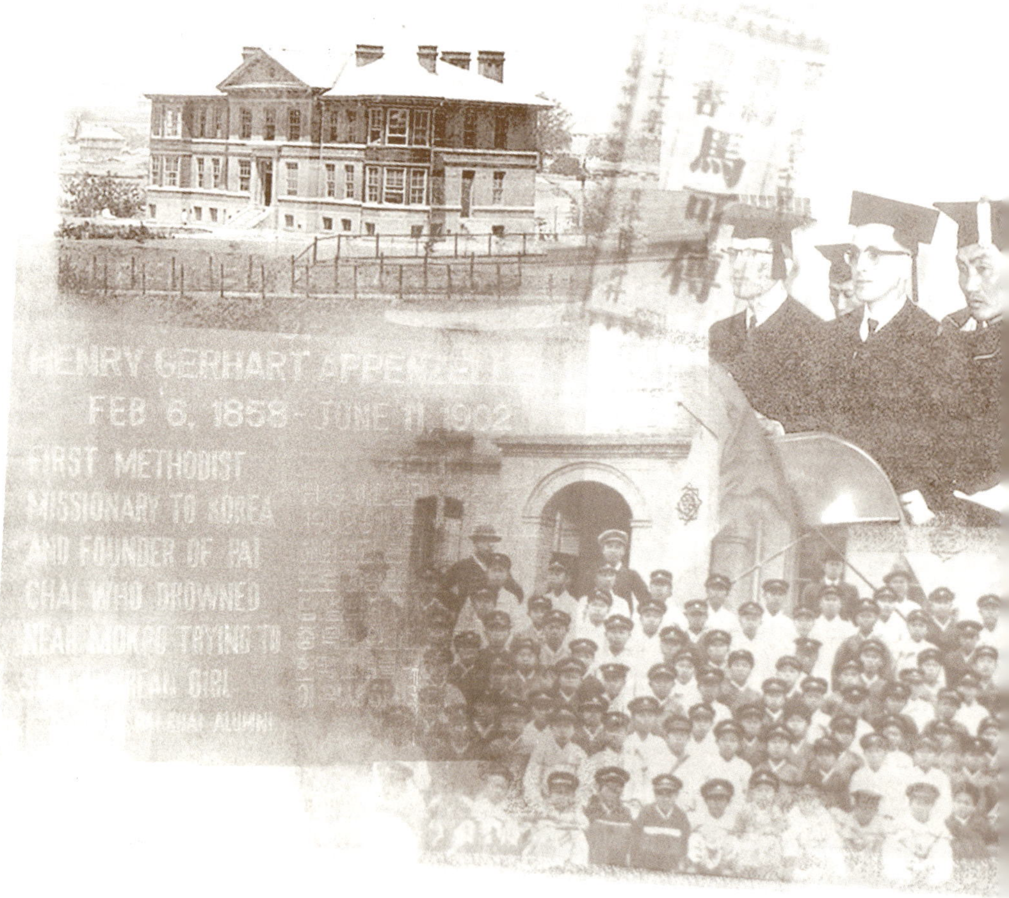

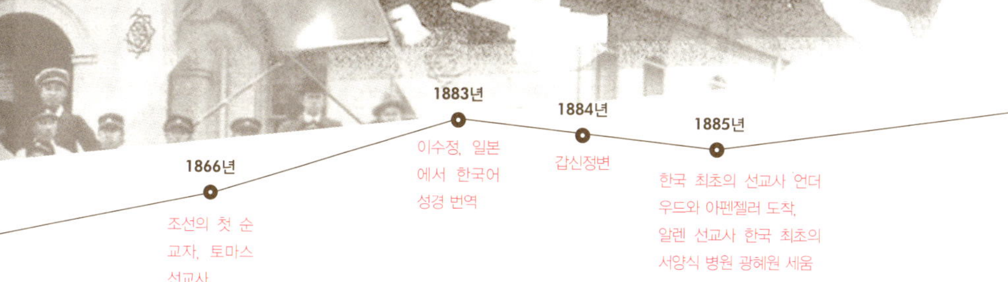

918년, 고려가 건국됩니다. 후고구려와 후백제가 세력 다툼을 하고 있을 때, 호족들의 지지를 힘입어 궁예를 내몰고 후삼국을 통일해 다시금 하나의 나라로 고려를 건립한 사람은 바로 왕건(王建)입니다. 요즘엔 고려를 건국한 사람이 최수종 씨(인기 드라마 왕건의 주인공역)라고 대답하는 학생들도 종종 있습니다.

918년 이후 1392년 이성계가 조선을 건국하기 전까지 474년 동안 고려는 거란, 몽골 등과 전쟁을 치르며 코리아(COREA)의 문화와 위상을 날렸습니다.

하지만 그때에도 우리나라는 예수님을 알지 못했습니다. 만약 고려가 건국된 918년이라는 지점에서 다음과 같은 이야기를 나눴다면 어땠을까요?

"장군님, 지금 적군이 엄청나게 쳐들어오고 있습니다. 빨리 피하시는 게 좋을 듯 싶습니다."

"김 집사, 그게 무슨 말이요? 내 한 나라의 장수이기 이전에 하나님을 믿는 장로요."

"장로님, 아니 장군님, 여기서 그런 게 다 무슨 소용입니까?"

"이보시게 김 집사, 하나님께서 우리 민족을 태초부터 지금까지 이렇게 잘 인도하셨지 않소. 그분은 우리 민족을 그 누구보다도 더 사랑하심에 틀림이 없소. 이렇게 믿음이 부족해서야 원 쯧쯧쯧, 믿음을 좀 가지시오!"

어떻습니까? 보기만 해도 어색하고 웃음이 절로 나오지 않습니까? 이 장면이 현 시대를 살아가는 우리에게 왜 이렇게 어색하게 다가올까요? 지금 우리에게는 충분히 있을 법한 얘기이기도 한데 말입니다.

이유는 간단합니다. 바로 고려 시대에는 아직 복음이 전파되지 않았기 때문입니다. 도대체 누군가가 와서 복음을 전해 주었어야 복음을 믿든지 안 믿든지 할 텐데 말이지요. 고려 시대 때는 아무도 우리에게 복음을 전해 주지 않았습니다.

우리나라에 불교가 들어온 것은 372년 고구려 소수림왕* 때입니다. 어림잡아 따져 보아도 1600여 년이 넘습니다. 그리고 고려는 숭불정책을 썼습니다. 그러니 사극을 보면 누구누구 스님들은 잔뜩 나오는데 누구 목사님, 누구 집사님은 절대로 나올 수 없는 것입니다.

그렇게 우리 민족의 역사와 문화는 불교에 뿌리를 박고 있습니다. 1392년에 우리나라는 조선이라는 국호를 사용하면서 숭유정책을 씁니다.

이러한 유교 5백 년 역사에 우리 민족은 불과 얼마 전까지 제사 드리는 아버지를 보고 자랐고, 5천 년 샤머니즘의 역사 속에 밤이고 낮이고 물 한 그릇 떠 놓고 비는 어머니를 보고 자라났습니다. 누구를 탓할 일이 아닙니다. 이것은 우리 민족에게 복음이 늦게 들어왔기에 생긴 일입니다.

COREA로 불렸던 고려는 공민왕*이 죽고 권문세족*의 위세가 되살아나면서 개혁을 원했습니다. 이에 이성계와 신진 사대부들은 정권을 잡고 곧바로 개혁에 돌입했습니다. 이 시점에서 그 유명한 "이 몸이 죽고 죽어~"로 시작되는 단심가를 쓴 정몽주가 살해되는데, 바로 태조 이성계의 아들 이방원과 시를 주고받으면서 서로의 뜻을 확인했던 것이죠.

조선 건국 세력들의 꿈은 이 땅에 유교적인 이상 국가를 건설하는 것이었습니다. 그러므로 왕권 강화를 위한 노력과 함께 '임금에게 충성을 다하고, 부모에게 지극히 효도하라' 는 유교 윤리를 정책적으로 보급했습니다. 유학 교육을 실시하고, 유교적 제사 의식을 따르도록 했으며 유교 윤리에 벗어나는 사람들은 국가에서 처벌했습니다.

그때의 영향이 지금까지 계속되고 있다고 해도 과언이 아니지요. 우리 사회 전반에 걸쳐 유교 문화의 잔재가 없는 곳이 없으니 말입니다. 그 거대한 틀은 조선 시대 이후로 몇 백 년 동안 우리 민족의 행동을 규제하는 원리가 되었습니다. '공경' 이 '복종' 으로 변해 버린 것처럼 권위와 위선, 허세 또한 만만치 않게 우리 사회를 지배하고 있습니다.

임진왜란 1592-1598년 동안 두 차례에 걸쳐 일본이 조선을 침략한 난. 이를 계기로 가톨릭교가 우리나라에 전해졌다.

조선 시대에는 외적 일본의 침입을 자주 받았습니다. 특히 임진왜란*은 너무 큰 싸움이었습니다.

임진왜란 당시 일본에는 천주교 신자들이 많았습니다. 서양의 강대국들이 근대 초기에 지리상의 발견을 계기로 동양으로 눈을 돌렸으며, 이 서양 강대국들의 동양 진출로 서양 학문, 곧 '서학' 이 동양에 전해졌습니다. 아울러 서양의 종교인 천주교도 중국과 일본에 전해졌던 것입니다.

그러나 일본 당국은 천주교도들을 눈엣가시처럼 여겼습니다. 그래서 한 가지 꾀를 냈습니다. 천주교 신자들을 모아서 중대를 편성해서 그들을 임진왜란의 최전방에 배치하는 것입니다. 그러니까 다

윗이 우리아를 죽일 때 사용했던 전략과 똑같은 전략을 사용한 것입니다.

이것을 알고 천주교에서 가만히 있었겠습니까? 최전방에 있던 천주교 신자들을 돌봐 줄 영적 지도자가 필요하다고 판단했겠지요. 오랫동안 전쟁이 계속되면서 일본 예수회는 스페인 예수회 회원인 세스페데스* 신부를 조선 남해안(경남 웅천)에 파견해 일본인 천주교 장병들의 신앙을 돌보게 했습니다. 첫 서양 선교사가 우리나라 땅에 입국하게 된 것입니다.

비록 전쟁으로 인해, 그것도 적국을 위한 선교사였지만 그 파장은 상상을 초월합니다. 세스페데스 신부는 1595년 일본으로 돌아간 뒤에도, 일본에 포로로 잡혀간 5만 여 명의 조선 사람 가운데 2천 여 명을 천주교에 귀의시켰고 그들에게 세례를 주었습니다.

전쟁 중에 포로로 끌려가서 '예수 그리스도'를 만나게 되다니, 하나님의 계획하심은 참으로 신통방통합니다.

조선에 대한 하나님의 사랑은 좀더 구체화됩니다.

개척을 하기까지

우리나라에서도 이익과 몇 분의 실학파들은 서양 문물을 알고 싶어했습니다. 그래서 중국에서 건너온 서양 책들을 탐독하기 시작했습니다. 귀한 서양 과학 책을 돌려 보면서 그들은 흥분을 감추지 못했습니다. 특히 책의 마지막 페이지에 '예수 그리스도'에 관한 이야기가 나오는 것을 보고 더 놀랐습니다. 그들이 탐독한 책은 마테오 리치*가 기록한 책이었습니다.

중국에 선교사로 들어간 마테오 리치는 유생들이 과학에 관심이 있다는 것을 알게 되었습니다. 그래서 과학에 관한 이야기를 적다가 뒷부분에는 기독교에 관한 이야기를 써서 그 책을 보는 사람들이 기독교를 알 수 있도록 선교 전략을 세웠던 것입니다.

그의 전략은 적중해서 우리나라 실학파 몇 사람들도 그 책을 접하게 되었던 것입니다. 그들은 그 책을 읽다가 세례를 주는 장면이 나오면 잘 모르면서 자기들끼리 세례를 주기도 했습니다. 그런데 어느 날, 마테오 리치가 쓴 다른 책을 보게 되었는데 그 책에는 세례는 아무나 주는 것이 아니라고 써 있었습니다. 그들은 그것을 배우기 위해 이승훈을 중국에 보냅니다. 우리나라 가톨릭은 1784년 이승훈이 중국에서 가톨릭을 배워오는 해를 그 시작점으로 봅니다.

대원군의 쇄국정책으로 천주교가 많은 박해를 받을 때 중국에서 사역하던 신부들이 조선 땅에 많이 들어왔습니다. 그때 신부들은 자신의 존재를 노출시키지 않기 위해 상복(喪服)을 구해 입었습니다. 당시 상주들은 긴 옷과 삿갓을 깊이 눌러 쓰고 다녔기 때문에 신부들이 숨기에 안성맞춤이었습니다.

저는 그 신부들의 이야기를 듣고 한 나라에 종교가 들어오기까지 얼마나 힘든 것인지 다시 한 번 깨달았습니다.

씨 뿌리는 사명

때는 1866년, 병인해였습니다. 그 해는 유달리 서양 열강들이 우리 조선을 귀찮게 굴었습니다. 다사다난했던 대원군 집권 3년째인 병인년에는 병인박해와 병인양요가 일어납니다. 바로 종교적으로 혹세무민(惑世誣民)하고 정치적으로 모반(謀反)의 우려가 있다고 해서 새해 벽두부터 9명의 프랑스 신부와 수천 명의 조선인 천주교도들을 고문하고 학살한 것이지요. 이것을 계기로 복수의 칼을 품은 프랑스 함대가 9월에 강화도에 상륙, 병인양요가 일어나고 맙니다.

이때부터 외세에 대한 대원군의 쇄국정책은 극으로 치닫습니다. 그러니 서양에서 온 배만 나타나기만 하면 볼 것도 없이 무조건 적군입니다. 더군다나 옛날 사람들 보기에 서양 사람들은 프랑스 사람, 미국 사람 모두 파란 눈에 노란 머리로 다 똑같아 보였으니까요.

그런데 이렇게 혼란스런 상황에 미국 사람들이 총과 포로 잔뜩 무장하고 조선 앞바다에 나타났으니 이건 볼장 다 본 겁니다. 저 멀리서 귀를 쩌렁쩌렁 울리는 대포 소리가 들리기 시작합니다. 그 소리의 위력으로 보아 대단한 무기임에 틀림없습니다.

"저놈들, 내 그럴 줄 알았다. 역시 네놈들도 똑같은 놈들이었어."

"어떻게 할까요, 장군님?"

"어떡하긴 뭘 어떻게 해? 저놈들도 지난번 그놈들과 한패거리인 게 틀림없다. 통상을 하자더니 총포를 잔뜩 실은 배를 타고 올 때부터 알아봤다. 이곳에 다시는 얼씬도 못하도록 불화살을 쏴라."

서양의 최신식 화포와 불화살의 대결은 싸움이 되지 않았습니다. 그런데 그 배가 유유히 사라지는가 싶더니 대동강 모래톱에 걸려서 꼼짝 못하게 되었습니다.

그러자 조선 군인들은 작은 배에 장작을 싣고 불을 질러 그 배를 전소시켜 버렸습니다. 배 안에 타고 있었던 선원들 대부분이 불붙은 선박 위에서 화염에 휩싸여 죽고 말았고, 목숨이라도 부지하고자 바다로 뛰어든 사람들은 생포되어 그 자리에서 처참하게 몽둥이로 맞아 죽든지 목 베임을 당하고 말았습니다. 이 배의 이름은 '제너럴셔먼 호' 미국의 상선이었습니다.

그러는 중에 한 사람이 강물에 뛰어듭니다. 조선 군인들은 곧장 그를 생포했습니다. 그때까지 그는 가슴속에 성경책을 꼭 품고 있었습니다. 조선 군인들은 그런 그를 잡아 대동강변에서 목을 베어 죽였습니다.

내가 서양 사람을 죽이는 중에 한 사람은 지금 생각할수록 이상한 감이 있다. 내가 그를 찌르려고 할 때에 그는 두 손을 마주잡고 무삼 말을 한 후 붉은 베를 입힌 책을 가지고 우스면서 나에게 밧으라 권하였다. 그럼

으로 내가 죽이기는 하엿스나 이 책을 밧지 않을 수가 없어셔 밧아왔노라

《도마스 목사전》 중에서

그 사람의 목을 친 박춘권이란 사람의 말입니다. 그런데 한낱 조
선 군인의 이름이 어떻게 기록으로 세세히 남아 있게 되었을까요?
글쎄 그의 목을 친 이 박춘권이란 사람이 훗날 예수님을 믿고 요즘
의 장로님과도 같은 영수라는 직책까지 받았기 때문입니다.

그런데 죽은 사람은 누구입니까? 바로 제너럴셔먼 호의 통역관으
로 승선하고 있던 토마스 선교사입니다.

로버트 토마스*는 1840년 목사의 아들로 태어나 어
려서부터 선교사의 꿈을 품었습니다. 1863년 런던선교
회 파송으로 중국 땅에 도착한 토마스는 그로부터 2년
뒤 조선에 대한 정보를 듣습니다. 조선에 꼭 가보고 싶
었던 토마스 선교사는 작은 목선을 타고 1865년 우리나
라에 들어옵니다. 그러나 서울 쪽으로 내려오다 큰 풍
랑을 만나 겨우 목숨만 부지하고 중국 땅에 머물게 됩
니다.

그러는 중에 토마스 선교사는 우연히 대원군의 박해
를 피해 황해도 장연에서 목선을 타고 필사적으로 탈출한 김자평,
최선일 등 천주교인 2명을 만납니다. 그런데 놀랍게도 그들은 성경

에 대한 지식이 전혀 없었습니다. 그것을 보고 자극을 받은 토마스 선교사는 조선 선교의 필요성을 더

평양 대동강변 사진. 1866년 토마스 선교사는 이곳에서 순교의 피를 흘렸다.

확고히 하고 조선어를 배우기 시작했습니다.

그렇게 준비를 하고 있던 토마스 선교사에게 조선에 갈 수 있는 기회가 주어졌습니다. 미국 제너럴셔먼 호가 조선과 통상을 시도하려고 통역관을 구하고 있었던 것입니다. 그동안 조선어를 배우고 있었던 토마스 선교사는 자원하여 그 배를 타고 우리나라에 들어옵니다. 성경책을 가지고서 말입니다.

제너럴셔먼 호가 대동강에 도착한 지 얼마 지나지 않은 9월 2일, 우려했던 대로 조선군과 무력 충돌이 발생했습니다. 토마스 선교사는 죽는 그 순간까지도 복음을 전했습니다.

그것은 그의 사명이었습니다. 씨를 뿌리는 사명 말입니다. 열매가 없을 것을 두려워하지 않고 죽을지언정 끝까지 최선을 다하여 씨를 뿌리는 사명…. 젊디젊은 27세의 나이, 죽는 순간 그는 자신이 순교의 피를 흘렸던 평양 대동강변에 수많은 교회가 세워질 것을 과연 상상이나 할 수 있었을까요? 피를 흘리며 그가 전해 주었던 성경은 결코 무가치한 것이 아니었습니다. 그에게 성경을 받은 이들 중에는

90

홋날 평양에서 신앙의 가문을 일으킨 사람들이 많이 나왔습니다.

위에서 말한 박춘권뿐 아니라 장사포의 홍신길은 서가교회의 설립자가 되었고, 만경대의 최치량은 평양교회의 창설자가 되었습니다. 또한 무슨 말인지는 모르지만 종이가 너무 좋다고 그 성경을 한 장 한 장 뜯어 벽지를 바른 박영식의 집은 널다리교회의 예배 처소가 되었습니다.

토마스의 마지막 편지

그가 뿌린 씨로 말미암아 수많은 열매들이 시간과 장소를 초월해 지금 우리가 살고 있는 이곳에서도 맺히고 있습니다. 그가 흘린 피를 기억하는 사람마다, 그가 전했던 성경을 아는 자마다 복음의 증인들이 될 것입니다.

지금도 종로 보신각 옆에는 조그만 표석이 하나 있습니다. 거기에는 다음과 같은 이야기가 적혀 있습니다.

척화비가 있던 자리, 19세기 후반 고종의 생부 흥선대원군에 의해서 서양인의 조선 침투를 방어 격퇴시켰다는 의미로 세웠는 바 그 중의 한 척화비가 있던 곳.

바로 위 전투에서의 승리를 기념하기 위해서 우리 정부가 만들어

놓은 기념비입니다. 그런데 우리는 우리 민족을 위해 최초로 순교한 로버트 토마스 선교사를 얼마나 기억하고 있을까요?

저는 언젠가 토마스 선교사가 자라났던 영국 웨일즈에 있는 하노버 교회에 간 적이 있습니다. 작은 시골 교회였습니다. 영국 교회 문화 중 하나는 교회 바로 옆 뜰에 성도들의 무덤이 있다는 것입니다. 지금 도 그 교회에 가면 교회 옆에 묘비들이 즐비하게 늘어서 있습니다.

저는 그곳에서 토마스 선교사의 아버지 묘를 발견했습니다. 그의 아버지는 하노버교회의 담임목사였습니다.

토마스 선교사는 중국에 있을 때부터 계속해서 영국에 있는 아버 지에게 편지를 보내어 자신의 소식을 전했다고 합니다. 아버지와 성 도들은 중국에서 사역하던 토마스 선교사가 보낸 편지를 읽고 함께 기도와 물질로 도와주었습니다. 그 편지에는 처음 기나긴 항해 끝에 중국에 무사히 도착했다는 내용으로 시작해, 어떤 사람들을 만나 무 엇을 전했는지 상세히 적혀 있었습니다.

하지만 어느 날엔가 아들에게서 온 편지에는 며느리가 풍토병으 로 죽었다는 얘기가 있었습니다. 그러한 편지를 읽을 때 아버지 목 사님과 교인들은 가슴을 치며 함께 아파하고 함께 무릎 꿇고 밤새 기도했습니다.

그로부터 얼마 지나지 않아 한 통의 편지가 도착합니다. 편지에는 토마스 선교사가 조선이라는 미전도 종족에 대한 이야기를 듣고 그 나라에 다녀왔다는 이야기가 써 있었습니다. 그리고 지금은 다시 조선으로 가기 위해서 조선말을 배우고 있는 중이라고 했습니다.

아주 잔인하고 사악한 대학살이 최근 조선에서 일어났습니다. 그럼에도 누군가 조선에 들어가 선교의 문을 여는 것의 중요함을 깨달아 제가 조선에 들어가기로 결정하였습니다. (1866.8.1)

편지의 내용은 여기까지였습니다. 아버지 토마스 목사님과 하노버교회의 교인들은 어찌됐는지 몹시 궁금했습니다. 조선이라는 나라에 다시 가서, 당신들의 자랑인 토마스 선교사가 과연 얼마나 크게 주의 일을 하고 대단한 업적을 남기고 돌아올지 기대에 잔뜩 부풀었습니다.

하지만 편지는 더 이상 오지 않고 연락은 끊어졌습니다. 백방으로 수소문을 해 봐도 시원한 답을 해 주는 사람이 없습니다. 돌아오는 말은 조선은 쇄국정치 때문에 위험하다는 이야기 뿐이었습니다. 그러던 중에 로버트 토마스 선교사가 제너럴셔먼 호를 타고 조선에 도착하긴 했는데 그곳에서 목 베임을 당했다는 청천벽력과 같은 소식을 들었습니다.

목이 잘려나간 아들의 소식을 듣고 부모님과 성도들은 조선을 위해 간절히 기도했습니다.

"하나님 내 아들을 목 베어 죽인 민족이지만, 아들의 죽음이 헛되지 않도록 조선이 주님 앞에 돌아오기를 바랍니다."

아버지 토마스 목사님의 묘비에는 1884년에 소천했다고 적혀 있었습니다. 아들 토마스 선교사가 1866년 27살의 나이로 순교했으니, 근 18년 동안 죽은 아들을 가슴에 묻고 살았을 겁니다. 그리고 자신의 아들을 목 베어 죽인 미전도 종족인 조선이라는 나라가 하나님 앞에 돌아오기를 그렇게 간절히 기도했을 것입니다.

조선을 가슴에 품다

스코틀랜드 성서공회 선교사들이 중국 땅에 들어와 많은 성경을 중국어로 번역했습니다. 윌리엄슨 선교사는 토마스 선교사가 한문 성경을 조선으로 가져 가는 데 큰 도움을 주었습니다.

후임 선교사로 1872년 8월에 로스와 맥켄타이어가 중국으로 옵니다. 윌리엄슨 선교사는 두 선교사와 조선에서 순교한 토마스 선교사의 이야기를 눈물로 나누게 됩니다. 조선 민족을 위해 순교의 피를 흘렸다는 토마스 선교사의 이야기를 듣고 로스와 멕켄타이어는 자신들도 조선 민족을 위해 목숨을 바칠 것을 각오했습니다. 우리 민족을 가슴에 품었습니다.

"순교자의 피는 교회의 초석이 된다" 는 터툴리안의 말대로 하나님께서는 토마스 선교사의 순교의 피를 헛되지 않게 하셨습니다. 또한 하노버교회의 간절한 기도의 응답으로 두 사람의 마음을 조선으로 향하게 하셨던 것입니다.

로스와 멕켄타이어가 조선을 찾았지만, 우리 민족은 여전히 외세에 문을 굳게 닫아놓고 열어줄 생각을 하지 않았습니다. 그러나 우리나라에 들어오지는 못해도 조선 사람을 만날 수 있는 장소가 있었습니다. 바로 고려문이었습니다.

1874년 10월, 두 선교사는 만주 통화현 고려문에 도착합니다. 그곳은 봉황성 아래에 있는 작은 마을로, 당시 청나라와 조선의 국경이자 합법적인 교역 관문이었기 때문에 자유롭게 많은 조선 상인들을 만날 수 있는 곳이었습니다.

두 선교사는 조선 사람을 만날 수 있다는 것만으로도 기뻤습니다. 말은 잘 통하지 않았지만 고려문을 들락거리는 사람들과 조금씩 얼굴을 익혀 가며 그네들이 무엇을 원하는지, 무엇을 주면 좋아하는지, 복음을 전할 기회만 애타게 기다렸습니다.

먼저 로스 선교사는 조선 선교를 하기 위해 가장 먼저 해야 하는 일이 조선의 언어를 정확하게 배우는 것이라 판단했습니다. 카메룬 타운센드의 말처럼 "가장 좋은 선교사는 성경"이었습니다. 성경은 선교사들처럼 안식년도 필요치 않고 비자도 필요없습니다. 로스 선교사는 한문을 모르는 사람을 위해 한글로 성경을 번역해야겠다고 생각했습니다.

때마침, 하나님의 인도하심으로 평안북도 의주 출신인 이응찬이라는 분을 만났습니다. 이응찬의 도움으로 로스 선교사의 어학 실력은 날이 갈수록 늘었습니다. 1877년에는 선교사를 위한 한국어 교재

《Corean Primer》를 펴낼 정도였습니다.

로스 선교사는 이응찬*을 통해 조선 사람을 많이 만났고, 그들에게 복음을 전할 수 있었습니다. 그때 만난 백홍준, 김진기, 이성하는 성경을 번역하는데 많은 도움을 주었고, 그들은 우리나라 최초로 고려문에서 세례를 받고 하나님의 자녀가 되었습니다.

로스 선교사가 1877년부터 한글로 성경을 번역할 수 있었던 것은 우리나라에 세종대왕과 집현전 학자들이 만든 한글이라는 우수한 글이 있었기 때문입니다.

지금도 부족 선교를 감당하는 선교사들에게 가장 큰 어려움은 그들이 자기 민족의 글을 가지고 있지 않다는 것입니다. 그렇기 때문에 선교사들은 먼저 말을 배워야 하고 말을 배운 후에는 그들의 글을 만들어야 합니다. 문자를 만들고 나면 또 그들에게 글을 가르쳐야 하는데 이것이 쉽지 않은 일입니다.

제가 사역했던 아프리카 감비아는 모슬렘 지역이고 90% 이상이 모슬렘교도입니다. 모슬렘은 여자들에게 글을 가르치지 않습니다. 그래서 글을 한 번도 배워 보지 못한 여인들을 모아 놓고 문맹 퇴치 사역을 했습니다.

한번은 사모님 한 분이 갑자기 모슬렘 여성들을 가르치다 말고 사무실에 들어와 냉수를 벌컥벌컥 마시더니 "아무리 가르쳐도 이해를 못해요." 라며 푸념했습니다. 수업을 시작해서 10분만 경과하면 머리가 아프다고 쉬었다 하자는 것입니다. 하는 수 없이 새로운 수업 방식을 도입했습니다. 그것은 우리 수업 방식과 반대로 하는 것입니다. 10분 수업하고 50분을 쉬게 하는 방식이었지요.

한 민족을 예수님께로 인도하는 것은 그렇게 쉬운 일이 아닙니다. 우리나라가 받은 축복 중 하나는 우리의 글을 가지고 있었다는 것입니다.

아프리카 감비아는 성경을 번역하는 데도 문제가 있었습니다. 그 나라에는 신기할 정도로 돌이 하나도 없습니다. 분명히 흙인데 돌처럼 굳어 있는 황토색 돌(?)을 이용하여 콘크리트 작업을 합니다. 큰 돌은 찾아 볼 수도 없습니다. 그러다 보니 이 나라 연자 맷돌은 돌이 아니라 나무로 만듭니다. 이런 문화를 가진 나라에서 예수님이 말씀하신 이 구절을 어떻게 번역할 수 있겠습니까?

"누구든지 나를 믿는 이 작은 자 중 하나를 실족하게 하면 차라리 연자 맷돌이 그 목에 달려서 깊은 바다에 빠뜨려지는 것이 나으니라"(마태복음 18:6)

그들은 이렇게 번역된 성경을 읽으면 '왜 작은 자 하나를 실족케 하면 바다 위에 사람을 띄울까?' 하고 묵상할 겁니다. 나무로 만든 연자 맷돌을 목에 매고, 물에 들어가면 가라앉기는커녕 물에 둥둥 뜨지 않겠습니까? 그래서 성경 번역은 그 나라의 생활과 문화를 깊이 모르고서는 제대로 하기 어렵습니다.

하나님께서는 로스 선교사가 성경을 번역할 수 있도록 귀한 사람들을 많이 만나게 해 주셨습니다. 고려문에 홍삼을 팔러 갔던 서상륜, 서경조 형제가 그렇습니다. 어느 날 형 서상륜이 병으로 사경을 헤매고 있을 때, 어떤 사람이 선교사를 만나면 고칠 수 있다는 이야기를 전해 줍니다. 그 이야기를 듣고 서상륜은 중국에 와 있던 의료 선교사를 통해 병을 치료 받고 예수님을 영접하게 됩니다.

로스 선교사는 두 형제의 도움으로 1879년까지 마태복음에서 로마서까지 번역했고, 1883년에는 사도행전까지 최종 번역본을 만들었습니다. 그리고 이듬해부터는 서신서 번역을 본격화하여 1886년 가을, 드디어 10년 만에 신약전서의 번역이 끝났습니다.

이제 한글 성경 번역을 했으니 그것을 책으로 만들어 세상에 널리 전하는 일만 남았습니다. 로스 선교사는 스코틀랜드 성서공회의 지원을 받아 번역 작업과 인쇄를 병행하여 1882년 최초 한글 성경인 《예수성교 누가복음 젼셔》가 나올 수 있었습니다. 처음엔 단편이나 할본 형태로만 발행되다가 남은 서신서를 추가하여 1887년 마침내 최초의 우리말 신약전서인 《예수성교젼셔》가 묶어져 나왔습니다.

그런데 이 《예수성교젼셔》를 국내로 가지고 오는 것도 만만치 않았습니다. 국경에서 계속 성경책을 빼앗겼던 것입니다. 급기야 복음서를 한 장 한 장 새끼줄에 꽈서 국내로 들여옵니다. 국내로 들여온 성경책은 책을 파는 매서인이란 사람들을 통해서 보급이 되고 이들을 통해 복음도 함께 전해졌습니다. 그러다 1910년 4월 2일 구약성서가 완역되어 1911년 신약성서와 함께 《성경전셔》로 합본 간행되었습니다.

서진서 번역. 로스 선교사가 번역한 성경 유적지(중국 심양)

로스 선교사는 "한국인 학자가 한 명이라도 없었다면 나는 속수무책이었을 것"이라고 고백했습니다.

최초 '로스 역' 부터 시작된 우리 성경은 후에 여러 번의 과정을 거쳐 지금 우리 손에 들려 읽혀지고 있습니다. 그가 이 땅에 들어와 우리의 말과 글을 힘들게 배우고, 성경을 처음 번역할 때의 마음을 생각해 봅니다. 도대체 그 책 한 권이 무엇이기에 그토록 어려운 일을 감행했을까요? 그것은 바로 단순한 책이 아닌 하나님의 말씀이었기 때문입니다. 그것을 펼치지 않을 땐 보통의 종이와 글자로 되어 있는 단순한 책에 지나지 않습니다. 하지만 그것을 펴서 우리의 마음 가운데 새길 때에는 더 이상 평범한 책이 아닌 하나님의 말씀으로 우리에게 다가온다는 것을 그는 잘 알고 있었습니다.

그렇기 때문에 하나님은 한 사람을 세워 당신의 말씀을 당신의 백성들이 가득한 이 조선 땅에 뿌리고 싶어 하셨던 것입니다.

선교의 다리가 되다

"예수교는 사교가 아니라네. 산상수훈만 봐도 평등사상이지 않은가? 인간은 모두 하나님 앞에 피조물이고 형제라는 것이야."

망망대해를 바라보는 이수정*의 머릿속에는 얼마 전 신사유람단*으로 일본을 다녀온 그의 절친한 친구 안종수의 말이 계속 맴돌고 있었습니다. 이제 배는 조금 있으면 일본 땅에 도착할 것입니다.

그런 그의 복잡한 심정을 아는지 모르는지 1882년 9월 19일 제물포 항을 출항한 배는 깊이 생각할 겨를도 주지 않고 어느새 일본 땅에 그를 내려놓았습니다.

"도대체 야소교가 무엇이기에 그 친구가 그렇게 간절하게 얘기를 한 것이지?"

평소 서로에게 크나큰 영향력을 미치고 있었던 친구가 한 말이기에 그는 더욱 깊은 고민에 빠졌습니다. 그가 신사유람단으로 농업, 법률, 체신 등 일본의 선진 문물을 시찰하는 목표 뒤에는 친구 안종수에게 전해 들은 일본의 그리스도인 농학자 쓰다센(律出仙)*을 만날 심산도 있었습니다.

그의 나이 마흔. 뭔가 새로운 일에 도전하고, 새로운 학문을 배워 뜻을 펴기에는 좀 많다 싶은 나이였습니다. 그런 그가 일본 땅에 도착했습니다. 사실 그는 1882년 임오군란이 일어났을 때 왕후 민비의 생명을 구한 공로로 고종의 후의를 입어 이곳까지 올 수 있었던 것

이수정 (1842-1886) 도승지를 지냈으며 1882년 임오군란 때에 명성 황후를 피난하게 한 공으로 일본 시찰에 올라 세례를 받고 한글판으로 가장 오래된 성경의 하나인 《신약 전서 마가복음 언해》를 간행했다. 저서에 《천도소원(天道所願)》, 《한국 천주교사》가 있다

신사유람단 조선 고종 18년(1881년)에 새로운 문물제도의 시찰을 위하여 일본에 파견한 사절단.

입니다.

그가 이곳에 온 목표대로 정치학을 배우고 선진 농업을 배워 고국을 근대화시키는 역할을 해야 하는데, 왠지 마음은 콩밭에 있고 다른 것들은 눈에 들어오지 않습니다. 이수정은 농학자인 쓰다센을 찾아갑니다. 처음에야 서로가 자신의 마음을 꼭꼭 숨기고 있던 터라, 쓸모없는 탐색전을 할 수밖에 없었습니다.

이수정은 정말 궁금해하고 있는 내용에 대해서는 얘기하지 않고 농업 기술에 대해서만 이러쿵저러쿵 얘기합니다. 쓰다센 역시 자신이 알고 있는 복음에 대해서 얘기하고 싶은 마음이 굴뚝같지만 처음 보는 낯선 조선인이 과연 어떻게 받아들일지 몰라 망설이고 있던 찰나였습니다. 하지만 곧 그들은 하나의 공통 관심사에 도달했고, 서서히 본론으로 들어갔습니다.

이렇게 만난 쓰다센과 이수정. 이들은 정작 농업기술에 대한 이야기는 뒷전으로 밀쳐 놓고 만나기만 하면 하나님에 관한, 그리고 성경에 관한 이야기만을 나눴습니다. 이수정이 궁금한 것을 물어보고, 쓰다센은 답변해 주고, 그렇게 수차례의 대화가 오고 가던 중 이수정은 쓰다센의 집에 걸려 있는 족자를 한참 동안 쳐다보았습니다.

그것은 바로 한문으로 된 산상수훈이었습니다. 그 모습을 본 쓰다센은 이때다 싶어 이수정에게 한문으로 된 성경 한 권을 선물로 주었습니다. 숙소로 돌아온 이수정은 밤이고 낮이고 그것을 읽기 시작합니다. 처음엔 낯설었지만 왠지 모르게 그것을 손에서 뗄 수 없었습니다. 점점 더 파고들어서 읽으면 읽을수록 하나님의 말씀이 마음을 움직였습니다.

어느 날 이수정은 좁은 골목길을 혼자 쓸쓸히 걸어 가고 있었습니다. 주위에 아는 사람은커녕 개미새끼 한 마리도 없는 황량한 거리였습니다. 바람은 또 왜 그렇게 음산하게 부는지 더욱 그를 초초하게 만들었습니다. 그런데 저기 골목 끝에서 사람이 뚜벅뚜벅 걸어오기 시작했습니다. 말끔하게 생긴 그는 옆구리에 뭔가를 끼고 점점 더 가까이 다가옵니다. 처음엔 겁도 났지만 이 황량한 거리에서 사람을 만날 수 있다는 생각에 말이라도 붙여볼 심산으로 가까이 오기만 기다렸습니다.

드디어 그 사람이 이수정 앞까지 다가왔습니다. 그러더니 문득 옆구리에 끼고 있던 책을 한 권 건네줍니다. 얼떨결에 받아들고 펼쳐 보니 그것은 바로 그가 한창 읽고 있던 성경이었습니다. 너무 놀라 성경을 건네준 사람의 얼굴을 뚫어져라 쳐다보니 그 사람은 이수정에게 "이 책이야말로 당신의 나라에서 무엇보다 귀중한 책이 될 것입니다." 라고 말하고는 어디론가 사라져 버렸습니다.

깨어 보니 꿈이었습니다. 그런데 이상하게도 꿈이라고 하기에는 너무나도 생생했습니다. 머릿속에서 하루 종일 꿈에서 본 것들이 떠나가질 않았습니다. 그는 생각했습니다.

'이것은 내가 성경을 통해서 만났던 하나님이란 분이 나로 하여금

무엇인가 말씀하고 계신 거로구나.'

이수정의 생각은 정확했습니다. 그는 그 길로 바로 쓰다센에게 찾아가 이와 같은 일이 있었다고 이야기를 하고, 쓰다센이 소개한 나가타란 일본 사람과 함께 체계적으로 성경공부를 시작합니다.

그리고 드디어 예수님을 영접하고 1883년 4월 29일, 미국 선교사 조지 낙스*에게 세례를 받았습니다. 일본에 온 지 7개월 만의 일이었습니다.

이수정이 세례를 받은 그해, 크게 부흥하기 시작한 일본 교회는 '제3회 전국 기독교도 대친목회'를 열었습니다. 그런데 놀랍게도 이 대회에서 이수정은 한국어로 공중기도를 하고 자신의 신앙을 고백합니다.

무릇 "아버지가 내 안에 있고 내가 아버지 안에 있으며 너희가 내 안에 있고 내가 너희 안에 있다"고 한 것은 하나님과 인간이 서로 감응하는 이치를 가리킴이니… 비유하면 등잔의 심지가 타지 않으면 빛이 없음 같으며… 믿음이 하나님을 감동시키며 끝내 구원을 얻게 합니다… 성령의 감화로 어두운 구렁에 떨어지지 않는 것은 특별히 큰 은혜 탓이지 스스로의 깨달음과는 상관없는 것입니다.

이수정은 냉철한 사상가였습니다. 차가움과 뜨거움을 분별하는 사람이었고, 근대화를 위해 힘쓸 정도로 과학적 진리에 힘을 쏟는 사람이었습니다. 그런 그가 하나님으로부터 받은 은혜로 말미암아 죄 많은 자신 안에 살아 계신 하나님을 고백하고, 성령님으로 말미암아 구원받았다는 확신을 이야기한 것입니다.

이수정이 개종한 이야기를 듣고 재일 외국 선교사들은 "너무 좋아 믿어지지 않을 정도"의 일이라고 이야기했습니다. 이것은 놀라운 정도가 아니라 어두운 곳에 한 가닥 빛을 발견한 소망이요, 낙담하고 지쳐 있는 선교사들에게는 힘이 되었습니다.

미국 선교잡지 《Foreign Missionary》 1884년 9월 호에는 세례를 받은 이수정과 조선 유학생들의 입교 사실을 언급하고 있습니다.

주목할 만한 일련의 사건에 자극받은 우리 선교사들은 여러 달 동안 선교본부에 한국 선교사를 임명해 줄 것을 강력히 요청하였는데… 최근 선교본부는 목회 선교사로 언더우드 목사를 임명했다.

예수를 처음 구주로 영접한 모든 사람들이 그렇듯 이수정 또한 이 놀라운 복음의 감격을 자신만 알고 있는 것이 너무 안타까웠습니다. 자신은 좋은 기회로 일본까지 건너와 복음을 들을 수 있었지만 고국 조선은 그 복음의 손길이 미치기가 너무 어렵다고 느꼈던 것입니다.

1882년 한미수호조약*이 체결되면서 조선은 외세에 활짝 문을 열기 시작합니다. 이수정은 자기에게 세례를 주었던 조지 낙스 선교사

를 찾아가 조선에 선교사를 파송해 달라는 청원서를 미국 교회에 보내 달라고 요청합니다.

마치 사도바울의 환상 중에 나타났던 마게도냐인처럼 이수정은 "조선에 건너와서 우리 백성을 도우라" 고 조선 선교를 요청하고 다녔습니다.

또한 이수정은 일본에 머무르는 동안 윤치호 등 일본에서 유학하고 있는 조선의 청년들을 모아 예배를 드렸습

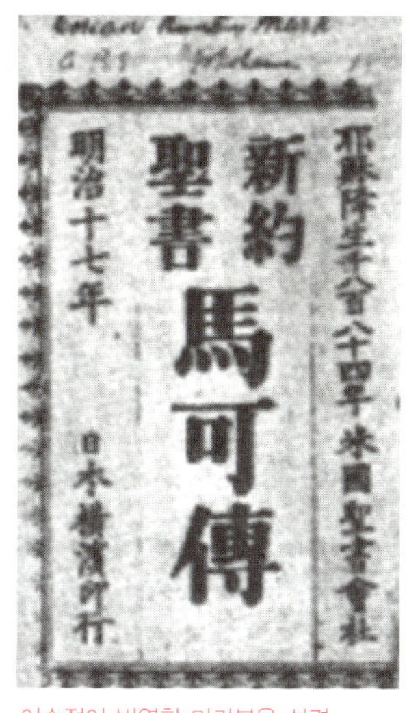

이수정이 번역한 마가복음 성경.

니다. 그리고 그는 요코하마 주재 미국 성서공회 총무 루미스 목사와 함께 한국어로 성경을 번역하는 일에 착수했습니다.

한문 성서에 한국식 토를 단 현토성서인데 4복음서와 사도행전을 완성하고 《신약 전서 마가복음 언해》라는 표제로 간행했습니다. 그런데 놀라운 사실은 1885년 부활 주일에 바로 이 성경을 가지고 언더우드와 아펜젤러가 한국 최초의 선교사로 제물포 항에 첫발을 내딛게 된 것입니다.

아펜젤러는 먼저 일본에 도착해 2개월 동안 머물면서 이수정에게 한국말을 배우기도 했습니다. 아니, 세계 어느 나라에서 선교사가 그 나라 말로 된 성경을 미리 준비해 들어갈 수 있겠습니까? 이와 같이 우리 민족을

김옥균 조선 후기의 정치가. 갑신정변을 주도했다. 그는 문벌의 폐지, 인민평등 등 근대사상을 기초로 하여 낡은 왕정사 그 자체에 어떤 궁극적 해답을 주려는 혁명적 의도가 들어있었다.

위한 하나님의 준비 과정 가운데, 이수정이 2년 동안 심혈을 기울여 번역한 성경을 가지고 갈 수 있었던 것입니다.

또 이수정은 당시 일본에 체류 중이던 김옥균*, 서재필* 등 개화당 요인들을 미국인 선교사 조지 낙스와 맥클레이*에게 소개해서 서구 문물과 지식을 접하게 했습니다. 앞으로 우리나라에서 영향력을 발휘할 사람들을 선교사들과 연결시킴으로써 그들이 자연스럽게 복음을 받아들이게끔 했던 것입니다.

이수정은 조선 선교의 다리를 훌륭하게 놓았습니다. 그가 놓은 다리는 그 어느 무엇보다 값진 역할을 했습니다.

세계를 품은 가우처 목사

우리나라는 1882년 미국과 한미수호조약을 체결하고 1883년 5월 비준서를 교환합니다. 그래서 고종 황제가 미국으로 사절단을 파견하는데, 그것이 바로 견미단(미국 방문단)입니다.

쉽게 말하면 미국이, 문을 열어 줘서 고맙다고 한국의 고위 인사 몇 명을 초청해서 미국 견학을 시켜 주겠다는 것입니다. 그래서 중전의 친척이었던 민영익을 특명 전권공사로 임명하고, 대리공사에 홍영식을, 수행원에 서광범, 유길준 등을 비롯 6명의 사절단을 꾸립니다. 이들은 미국이라는 나라에 가볼 수 있는 특권을 누리게 된 것입니다.

미군 해군 함정을 타고 7월 제물포를 출발해서 태평양을 건너 9월에 샌프란시스코에 도착하기까지 두어 달 동안 견미단 일행은 별의별 상상을 다 합니다.

'과연 저 코쟁이들이 사는 나라는 어떻게 생겼을까?'

배에서 내린 견미단 일행은 채 여독이 풀리기도 전에 샌프란시스코에서 워싱턴으로 가는 미 대륙을 횡단하는 기차를 타고 미국 대통령을 만나러 가야 했습니다. 대통령이라고 부르는 이 나라의 왕이 얼마나 대단한 사람일지 짐작할 수도 없었습니다.

로마에 가면 로마법을 따라야 했지만 그거야 다른 나라 사람들의 이야기고, 우리의 견미단 일행은 꿋꿋하게 조선의 법을 준수했습니다. 본디 양반 출신은 어디가도 절대 갓을 벗지 않는 법, 견미단 일행은 갓을 쓰고 도포 자락이 펄럭이는 조선의 옷차림으로 기차에 올라탔습니다. 당연히 미국 사람들 눈에 띌 수밖에 없었지요.

견미단 일행이 연신 헛기침을 하며 불편한 심기를 드러내자 같은 칸에 타고 있던 미국 사람들은 이들을 이상한 눈으로 쳐다보면서 자기네들끼리 뭐라고 쑥덕거립니다. 그렇다고 그깟 일에 주눅들 견미단 일행이 아니었습니다. 양반의 근엄한 자세를 절대 흐트러뜨리지 않고 꿋꿋하게 앉아 있습니다.

얼마 후 기차가 볼티모어 역에 정차하는 순간, 한 신사가 견미단 일행과 같은 칸에 올라탔습니다. 그들은 다른 미국인들과는 달리 견미단 일행을 보자마자 커다란 관심을 보이며 말을 걸기 시작합니다. 그 신사는 바로 가우처 목사였습니다.

가우처* 목사는 "복음이 모든 민족에게 전파될 때에야 주님께서 오신다" 는 말씀을 늘 가슴속에 품고 있었던 목사님이었습니다. 그렇기 때문에 멀리 조선이라는 곳에서 온 저 사람들에게 과연 천국 복음이 전파되었는지 궁금했던 것입니다.

그렇게 목적지에 도착하는 3일 동안 그들은 친구가 되었습니다. 그리고 가우처 목사는 조선이란 민족에 대해서 자세히 알게 되었습니다. 문호가 개방되었으나 선교사가 들어가지 않았다는 놀라운 사실을 알게 된 가우처 목사는 견미단 일행과 헤어지고 나서 그 길로 교회로 와서 온 성도들 앞에서 이렇게 이야기합니다.

나는 오늘 조선이라는 민족을 만났습니다. 그곳에는 선교사님이 없다고 합니다. 하지만 얼마 전에야 비로소 문호가 열렸으니 곧 선교사님이 파송될 것입니다. 그런데 여러분 생각해 보십시오. 미국에서 조선까지 가려면 동부에서 일주일이 넘게 기차를 타고 서부로 가서, 두 달 동안 배를 타고 태평양을 건너야 하니 기차와 배 삯이 필요합니다. 그리고 선교사님이 조선에 들어가서 생활하려면 선교비가 많이 들지 않겠습니까? 그렇다면 우리가 그곳으로 들어갈 선교사님을 위해서 믿음으로 미리 헌금합시다.

요즘 교회에서 조사한 한 통계를 보면 교인들이 가장 불편해하는 설교 1위가 "헌금하라" 는 것이고, 2위가 "선교하라" 는 것이라고 합니다. 그런데 1, 2위를 짬뽕한 "선교헌금하라" 는 설교를 가우처 목사는 서슴없이 한 것입니다. 어디서 들도 보도 못한 나라 사람들의 이야기를 하고서는 누가 갈지도 모르는데, 하나님이 보내실 그 사람과 그 민족을 위해 미리 선교헌금을 쌓아 놓자는 것입니다.

가우처 목사와 성도들은 미국 감리교회 선교본부에 조선 선교를 위해 사용해 달라며 2천 달러를 송금했습니다. 하지만 미국 감리교회는 아직 조선 선교에 대한 계획이 없었기에 신통치 않은 반응을 보였습니다.

가우처 목사는 조선과 지리상 가깝다는 일본에 파송된 극동 지역 담당 선교사인 맥클레이에게 직접 편지를 써 보냅니다. 조선에 직접 찾아가서 그 나라를 살펴보고 하루 빨리 선교사를 파송하도록 구체적인 상황을 파악해 달라는 편지였습니다.

월드 크리스천 마인드를 가진 가우처 목사는 견미단 일행을 놓치지 않았습니다. 그들을 이상한 나라에서 온 신기한 사람들이 아니라 천국 복음을 전해야 하는 미전도 종족으로 보았던 것입니다. 그리스도인이 세계를 품고 있다는 것은 이토록 엄청난 차이를 가져옵니다. 그 '한 사람' 을 통해서 하나님의 계획하심이 차츰차츰 이루어져 가고 있었습니다.

조선에 반응하는 크리스천

가우처 목사의 편지를 받고 맥클레이 선교사는 직접 조선 땅으로 건너가기 위해 준비합니다. 그때 한 가지 아이디어가 떠올랐습니다. 김옥균을 생각한 것입니다.

맥클레이 선교사는 조선의 개화파 사람들과 친분이 있었습니다. 신사유람단원으로 일본에 왔다가 예수님을 영접한 이수정의 소개로 한국의 개화파 사람들에게 복음을 전하면서 그들과 가까워졌던 것입니다. 특히 김옥균과 각별했습니다. 맥클레이 선교사의 사정을 듣고, 김옥균은 고종 황제 앞으로 보내는 친서를 써 줍니다.

그 친서에는 이런 내용이 적혀 있었습니다.

고종 황제님, 우리나라에도 서양 의사를 받아들이십시오. 우리나라는 한 번 콜레라 전염병이 돌면 2, 3만 명이 죽습니다. 그런데 여기 일본에서는 서양 의사들 덕분에 콜레라와 같은 전염병의 피해가 현격히 줄어든 것을 보았습니다. 그러니 우리 백성들을 살리기 위해서 서양 의사를 받아들이셔야 합니다.

맥클레이 선교사는 고종 황제를 알현하고 두 가지 윤허를 받아냅니다. 의사와 조선의 엘리트들을 교육시킬 영어 선생 3명을 보내 달라고 한 것입니다. 비록 포교 활동은 안 되지만 의사와 언어 선생 자격으로 문을 연 것입니다. 그러니 벌써 반은 성공한 것이나 다름없었습니다.

맥클레이 선교사는 뛸 듯이 기뻐하며 고종 황제의 두 가지 윤허에 대한 정보를 본국에 보냅니다. 이 정보에 속히 반응하는 선교사가 일어나기를 간절히 바라면서….

저는 개인적으로 한국 선교를 연구하면서 먼저 믿은 그리스도인들이 미전도 종족에 대한 정보를 들으면 꼭 반응해야 한다는 것을 깨달았습니다. 먼저 믿는 그리스도인들이 미전도 종족에 대한 정보를 듣고도 반응하지 않으면 그 민족은 복음을 들을 수 없습니다.

우리 민족이 조선이라는 국호를 썼던 미전도 종족이었을 때 우리 민족에 대한 정보에 반응했던 수많은 그리스도인들이 있었기 때문에 지금의 한국 교회가 있게 된 것입니다.

고종 황제가 의사와 언어 선생 세 사람을 보내달라고 했을 때, 이 정보에 반응하는 사람들은 누구였을까요? 믿지 않는 사람들이 목숨 걸고 태평양을 건너 올 수 있을까요? 당시만 해도 우리나라에 오려면 미국이나 캐나다, 호주에서는 한 달 정도 배를 타고 태평양을 건너와야 했습니다. 오는 도중 태풍이라도 만나면 죽을지도 모를 일입니다. 그런데 어떤 정신나간 사람이 이 먼 곳까지 오겠습니까? 더군다나 의사나 교사 정도 되면 본국에 있어도 어렵지 않게 살 수 있는데 말입니다.

이 정보에 반응하는 분들이 모두 선교사였습니다. 조선에서 당장 복음을 전할 수는 없지만 의사로서, 언어 선생으로 수고하다가 문이 열리면 복음을 전하겠다는 구령의 열정으로 가득 찬 하나님의 사람들이었습니다. 이들에게 태풍이나 부귀영화는 안중에 없었습니다.

만약 믿지 않는 의사와 믿지 않는 교사라면 이런 정보를 들어도 반응하지 않을 것입니다. 그리스도인이라고 해도 "우리나라에도 할 일이 많은데, 우리 교회에도 할 일이 많은데…" 라는 생각만 한다면 아무리 성령이 충만해도 사도행전 10-11장과 같은 마인드 장벽에 걸려서 다른 민족을 구원해야겠다는 생각을 하지 못했을 것입니다. 그저 편안히 자기 교회 성도들과 자기 교회만을 섬기다 천국에 갈 것입니다.

한국 교회가 다른 민족을 위해 기도와 물질로 후원하며 영광스러운 선교사의 삶을 본으로 보여 줄 때, 다른 민족도 우리 민족처럼 하나님께 돌아오게 됩니다. 저는 한국 선교를 연구하다가 이 사실을 뼈저리게 깨달았습니다.

조선으로 향하는 첫 선교사

"지금 조선의 고종 황제는 의사와 조선의 엘리트를 교육시킬 언어 선생 3명을 입국하도록 윤허를 내렸습니다. 이제 공관만 들어가던 조선 땅에 의사로, 언어 선생님으로도 들어갈 수 있게 되었습니다."

조선에서 의사를 구한다는 정보를 들은 한 젊은이가 선교부에 찾아왔습니다.

"전 의사입니다. 저를 조선 땅에 보내 주십시오."

이 젊은이가 우리 민족에 대한 정보에 가장 먼저 반응한 존 헤론(John W. Heron) 선교사입니다.

존 헤론은 1858년 6월 15일 영국에서 출생해서 그의 나이 14세 때 미국으로 이민을 갔습니다. 어려서부터 영특했던 그는 가는 곳곳마다 늘 사람들에게 인정받고 사랑받았습니다. 자신의 삶을 다른 사람을 위해 살기로 결심한 이상 게으르거나 나태한 마음을 가질 수 없었기 때문입니다. 그런 뜻을 품고 테네시 의과대학에 입학하여 최선을 다해 공부했습니다.

그는 의과대학에 수석으로 입학했고, 테네시 의과대학이 개교한 이래 가장 공부 잘하는 학생이었습니다. 그러니 얼마나 많은 사람들이 그에게 기대를 걸었겠습니까? 모두들 존경의 눈으로 바라보았습니다. 다들 "분명 존 헤론은 세계적인 석학이 될 거야. 그래서 우리 테네시 의과대학의 명예를 드높일 거야." 라고 생각하지 않았겠습니까?

교수들의 생각도 마찬가지였습니다. 존 헤론은 당연히 졸업한 다음 모교에 남아 교수가 될 것이라고 생각했습니다. 그렇게만 된다면 학교뿐만 아니라 존 헤론 자신에게도 대단한 영광이었습니다.

존 헤론이 졸업할 무렵, 조선에서 보낸 맥클레이 선교사의 편지를 읽게 됩니다. 선교사가 한 사람도 없는 조선이라는 나라에 비록 선교사로 들어갈 수는 없지만 의사의 신분으로는 갈 수 있다는 정보를 듣게 된 것입니다.

그는 가슴이 뛰었습니다. 지금 조선이 자신을 부르고 있다고 느꼈습니다. 하나님께서 왜 자신에게 의학 공부를 시키시고 훌륭한 의사가 되게 하셨는지 깨달았습니다. 그는 하나님의 부르심에 기꺼이 순종했습니다.

하지만 학교에서는 존 헤론을 놓아 주지 않았습니다. 그도 그럴 것이 존 헤론은 자신의 능력을 적절히 사용해서 후배들을 양성하고 연구해서 인류 의학계에 지대한 공헌을 할 수 있는 사람이었으니 말입니다.

여러 사람들이 존 헤론의 결정에 반대하고 그를 설득하려고 여러 가지 방법들을 내세웁니다. 더 좋은 자리, 더 높은 자리를 제시합니다. 하지만 이미 존 헤론의 마음은 조선을 향한 마음으로 불타올랐습니다. 그 어떤 것도 그의 생각을 바꿀 수 없었습니다.

"나는 단지 의약품과 의료기기 얼마를 준비할 수만 있다면 지금이라도 당장 떠나겠습니다. 조선에 제일 먼저 도착하는 선교사가 되고 싶습니다."

존 헤론이 장래를 보장받는 길을 몰라서 우리나라에 오려고 했겠습니까? 아닙니다. 그의 가슴속에는 하나님의 마음이 있었습니다.

"Your kingdom come. 하나님의 나라가 임하옵소서."

5천 년 동안 샤머니즘이 지배하고 있는 땅, 1600년이 넘도록 불교가 통치하고, 5백 년이 넘게 유교로 제사하며 하나님 없이 살아온

땅, 존 헤론은 그 조선이라는 땅에 하나님의 통치가 이루어지길 원했습니다. 이것은 흔한 동정심이 아니었습니다. 그는 조선에도 하나님의 백성이 있다는 것을 알고 있었던 것입니다. 그런 하나님의 마음을 가지고 있었기에, 그는 과감히 부와 명예를 버릴 수 있었습니다.

그의 조선행을 가로막는 또 하나의 장벽은 바로 약혼녀 해티(Hattie)였습니다. 해티는 테네시 의과대학 교수 존스보로의 딸로, 촉망받는 존 헤론과 약혼한 사이였습니다. 해티는 친구들과 만나 이야기할 때마다 헤론과 자신의 미래에 대해 이야기했습니다.

"존 헤론은 졸업과 동시에 교수가 되기로 내정되어 있어. 나는 이제 곧 교수의 부인이 될 거야."

해티도 나름대로의 비전과 인생의 청사진이 있었습니다. 큰 저택과 물질적인 부는 물론, 주말마다 연회를 베풀면서 멋들어지게 살 자신의 미래를 꿈꾸었을 것입니다. 요즘 같으면 30억 원짜리 아파트에 살면서 외제 승용차를 타고, 주말마다 친구들과 한가롭게 골프라운딩을 즐기는, 걱정 근심 없는 삶을 꿈꾸었을 것입니다.

그런데 어느 날 존 헤론이 해티에게 조심스럽게 말을 꺼냅니다.

"해티, 나 조선에 간다."

이 이야기를 들은 해티는 조선을 휴양지로 착각했습니다. 하지만 곧 이야기의 진상을 알게 된 해티는 어리둥절했습니다.

"조선이 나라 이름이에요? 도대체 그 나라엔 왜 가려는 거죠?"

해티는 도저히 이해할 수 없었습니다.

"존의 앞길은 열려 있어요. 존의 실력은 이 넓은 나라, 이 많은 인구를 위해 쓰여야 해요. 존은 더 많은 사람, 더 큰일을 위해서 태어난 사람이에요."

그러나 이미 결심한 존의 마음을 꺾을 수는 없었습니다. 존의 마음을 돌리기 위해 해티는 본격적으로 조선이라는 나라에 대해 조사를 합니다. 지피지기면 백전백승이라고, 조선이라는 나라가 어떤 곳인 줄 알아야 존 헤론을 가지 못하게 할 수 있기 때문이지요.

조사해 보니 조선은 완전히 허점투성이였습니다. 자신이 조사한 자료를 헤론에게 보여 주면 분명히 그의 마음도 달라질 것이라고 확신했습니다.

- 조선은 미개하고 더럽기 짝이 없는 가난한 나라
- 조선은 국민 대부분이 가난하여 굶어 죽는 일이 태반
- 조선은 외교적으로 위험해서 일본과 중국이 계속 위협하고 있고, 러시아도 한몫 보겠다고 으르렁거리고 있음
- 조선은 정치적으로도 불안해서 왕실의 권력다툼이 치열함
- 조선말은 영어와 달라서 배우기 너무 어려움

가지 못하게 해야겠다는 신념으로 똘똘 뭉쳐 있던 해티는 조사한 내용을 존 헤론에게 보여 주며 설득하기 시작합니다. 나중에는 울면서 애원해 보지만 좀처럼 존 헤론의 마음을 돌이킬 수 없었습니다.

그런 약혼녀를 보고 있는 존 헤론은 눈물로 하나님께 기도하기 시작합니다.

"하나님, 이 여인을 나의 아내로 허락하신 것이라면 그녀의 마음을 열어 주십시오. 그리고 해티도 저와 같이 조선을 사랑하게 해 주십시오. 그녀와 함께 그곳으로 갈 수 있도록 도와주십시오."

존 헤론과 해티 둘 다 하나님의 사람이었습니다. 해티가 하나님을 몰랐기 때문이 아닙니다. 그러나 깨달음의 차이는 그 사람의 행동을 넓히기도 하고 제한하기도 합니다.

존 헤론은 해티와 하나님의 마음을 나눌 수 있는 시간을 가지면서 해티가 조선을 사랑할 수 있도록 성령님께 전적으로 의지하며 기도했습니다. 해티는 헤론과 함께 많은 이야기를 나누었습니다. 결국 해티는 성경을 읽으면서 하나님이 얼마나 모든 민족(All Nations)을 사랑하시는지 깨닫고 존 헤론과 함께 조선에 가기로 결심합니다.

둘은 그렇게 해서 하나님의 부르심에 순종하고 태평양을 건넙니다. 본국에서 살았다면 안정되고 촉망받는 미래와 부가 보장되어 있었지만 그들은 모든 것을 포기하고 조선을 향한 부르심에 기꺼이 응답했습니다.

당시 조선으로 가는 배가 없었기에 존 헤론 부부는 일본으로 가는 배를 타고 망망대해를 근 한 달 동안 항해한 뒤, 일본에 도착했습니다. 헤론 부부는 일본에서 이수정을 만나 한국어와 한국 문화를 하나씩 익히기 시작합니다. 존 헤론은 우리 민족에 대해 배우면 배울

수록 더욱더 우리 민족을 사랑하게 되었습니다. 헤론은 무엇보다도 기가 막히게 과학적이고 독창적인 한글의 우수성에 감탄합니다.

'어떻게 꼬꼬댁, 꽥꽥, 꿀꿀… 이런 것까지 다 쓸 수 있는 글이 있을까…'

그는 가장 먼저 조선 땅에 들어가는 선교사가 되기를 원했습니다. 그래서 존 헤론 부부는 열심히 우리말을 배우고 우리 민족에 대해 하나씩 알아가며 조선으로 들어갈 준비를 했습니다. 그런데 그때, 미국 선교부로부터 갑자기 전보가 날아왔습니다.

"지금 조선에 난리가 났으니 조금만 기다렸다가 나중에 다시 들어갈 기회를 찾자."

정치적으로 복잡하고 어지러운 이 상황에서 입국하는 것이 어렵겠다는 판단에서였습니다. 존 헤론 부부는 하루 빨리 조선 땅을 밟고 복음을 전하고 싶은 마음이 굴뚝같았지만 할 수 없이 미국 선교부로부터 다시 연락이 오기만 기다렸습니다.

이렇게 그들을 들어오지 못하게 막았던 사건은 다름 아닌 1884년 12월 4일에 일어난 '3일 천하', 바로 김옥균의 갑신정변이었습니다.

의료 선교의 시작

"조선의 개혁은 하루도 늦출 수 없을 정도로 시급하다. 조금이라도 개혁을 늦추게 될 경우, 그때의 조선은 우리의 조선이 아닐 것이다."

청나라의 간섭에 지칠 대로 지친 개화파들은 개혁을 꿈꾸었습니다.

'어떻게 하면 이 땅에서 청나라를 몰아내고 나라의 기틀을 바로잡을 수 있을까?'

노심초사 끝에 그들은 쿠데타를 계획합니다. 마침 프랑스와 전쟁을 벌이던 청나라가 서울에 주둔해 있던 청나라의 군대를 상당수 철수시키는 일이 발생했습니다. 그렇다면 당분간 청나라는 프랑스와 싸우느라 조선에 더 이상의 군사 개입을 할 수 없을 것이라고 판단한 것입니다.

쿠데타를 일으키는 데 이보다 더 좋은 기회는 없었습니다. 당시 개화파의 주요 인물인 박영효*, 김옥균, 홍영식* 등은 신흥 국가였던 일본의 새 문물을 도입하여 우리나라 사회 전반의 낡아빠진 뿌리를 뽑고 나라의 기틀을 바로잡아야 한다고 생각했습니다. 하지만 수구파의 세력이 얌전히 자기들의 자리를 내어 줄 것 같지 않았습니다. 개화파들의 눈으로 보기에 이들은 혁신을 막고 서 있는 방해꾼일 뿐이었습니다. 그러하기에 이들을 먼저 제거해야 된다고 생각했습니다.

고심 끝에 거사를 치를 날짜를 잡았습니다. 수구파 세력들이 한자리에 모이는 우정국 낙성식(건축물의 완공을 축하하는 의식)의 축하연이야말로 거사를 성사시킬 수 있는 가장 좋은 때였습니다. 한창 연회가 무르익어 갈 무렵 그들은 연회장에 불을 지르고 "불이야!" 하며 장내를 소란스럽게 했습니다. 장내는 곧 아수라장이 되었고 당황해서 나오는 대신들은 미리 진을 치고 있던 자객들의 단칼에 목이 달아났습니다.

보수 세력의 우두머리격인 민비의 조카 민영익*도 불길을 피해 나오는 중 자객의 칼에 맞아 몸에 7군데나 상처를 입었습니다. 정맥이 끊기고 출혈이 심해 생명이 위독한 지경까지 이르게 되었습니다.

개화파의 쿠데타는 성공한 것처럼 보였습니다. 개화 세력들은 청나라에 의존하지 않고 자주 독립을 든든히 하며 신분 제도와 조세 제도를 개혁하고 민중의 생활을 돌보아야 한다는 정책을 발표했습니다. 하지만 개화파가 정책을 발표하는 순간, 서울에 주둔하고 있던 청군이 궁궐을 공격했고, 개화당은 청군을 막아내지 못하고 결국 3일 만에 깨지고 말았습니다.

한편 민비 명성왕후는 무슨 수를 써서라도 조카 민영익을 살려내라고 불호령을 내렸습니다. 장안에서 내로라하는 한의사들을 14명씩이나 불렀습니다. 하지만 제아무리 유명한 한의사라도 뜸이나 침으로 정맥이 끊어진 사람을 고칠 수 있겠습니까? 백년 묵은 산삼을 달여 먹인들 무슨 소용이 있겠습니까?

죽어 가는 민영익을 바라만 보던 조정에 묄렌 도르프(민씨 정권을 대변하는 재정고문으로서 조선의 외교관이었다)를 통해 알렌이라는 의사에게 한번 치료를 부탁하면 어떻겠냐는 제보가 들어왔습니다. 조정은 지푸

라기라도 붙잡는 심정으로 알렌(Allen)에게 민영익의 치료를 맡겼습니다.

이것은 알렌 선교사가 1884년 9월 20일 제물포에 도착한 지 불과 두 달 만에 벌어진 일이었습니다. 알렌은 1883년 중국에 도착해서 약 8개월 동안 상하이와 남경 등지를 왕래하면서 앞으로 평생을 바쳐 헌신할 장소를 찾고 있었습니다. 그러던 어느 날 동료 선교사인 헨델슨으로부터 조선에 관한 이야기를 들었습니다. 헨델슨은 조선 정부의 외교관으로 있는 밀렌 도르프와 가까운 사이였습니다. 헨델슨은

최초의 서양식 병원을 세운 알렌 선교사(1858-1932). 중국을 거쳐 우리나라에 들어와 최초의 장로교 선교사가 되었다. 고종 황제의 시의(侍醫) 및 외교 고문으로 있었으며 광혜원, 관립 의학교를 창립했다.

그를 미국 공사관의 공의로 추천해 주었고, 1884년 7월 22일 선교부로부터 허락을 받아 드디어 9월에 조선에 입국한 것입니다.

알렌이 보기에도 민영익은 출혈이 너무 심해 가망이 없어 보였습니다. 하지만 모든 관심은 서양 의사 알렌에게 쏠려 있었습니다. 이 상황에서 알렌 선교사는 민영익이 살아난다면 조선 선교의 문이 열릴 것이라고 생각했습니다. 그는 하나님께 기도하면서 밤새워 수술했고, 일단 출혈을 막는 데는 성공했습니다. 그리고 3개월 동안 민영익의 곁을 지키며 정성스럽게 치료한 끝에 마침내 민영익의 생명을

구할 수 있었습니다.

사실 갑신정변 직후 외국인은 신변의 안전을 위해 모두가 인천으로 피신한 상태였습니다. 알렌도 신변의 위협을 느꼈을 것입니다. 하지만 그는 "나는 가고 싶어도 가지 못하며 또 갈 수 있다 해도 가지 않겠다." 라고 말하며 민영익을 치료하는 데 전심전력을 다했습니다. 그 덕분에 민영익은 살아날 수 있었습니다. 그 사건을 통하여 알렌은 조정의 신임을 한 몸에 받게 되었습니다.

처음 조선에 와서는 미국 공사관 공의뿐만 아니라 영국, 중국, 일본 영사관의 공의도 겸했기 때문에 하루하루가 눈코 뜰 새 없이 바빴습니다. 하지만 그는 자신이 왜 이 땅에 왔는지 그 목적을 잃어버리지 않았습니다. 이것은 알렌이 10월 1일 미국 선교회 본부에 발송한 보고문의 내용입니다.

제가 이곳에 온 지 2주가 되었습니다. 선교사로서 공식 활동이 허락되지 아니하여 공사관 의사로 일하고 있습니다. 그러나 가까운 장래에 선교의 문이 열릴 것이라 믿고 열심히 준비하고 있습니다.

이처럼 그는 자신의 사명을 잃지 않고 틈만 나면 전도를 하러 다녔습니다. 알렌 선교사는 더 이상 조선인 사이에서 외국의 침략자가 아닌 협력자로서 신임을 얻게 되었습니다.

조선 조정에서는 민영익의 생명을 구해 준 보답으로 알렌에게 10

만 냥의 사례금이 지급되었습니다. 뿐만 아니라, 그는 외국인으로서 처음으로 국왕의 시의가 되었습니다. 알렌은 이 기회에 고종에게 서양식 병원의 설립을 허가해 달라고 요청했고, 고종은 즉시 한성 북쪽에 있는 홍영식의 저택을 하사합니다. 갑신정변의 주모자로 사형에 처해진 홍영식의 재산을 알렌에게 하사한 것입니다.

고종 황제는 알렌이 세운 우리나라 최초의 서양식 병원의 이름도 직접 지어 줍니다. 은혜를 넓게 베풀라는 뜻을 지닌 광혜원(廣惠院)이라고 말이지요. 그래서 2월 25일에 드디어 한국 최초의 서양식 병원인 광혜원을 개설했고, 3월 12일에는 모든 민중을 구제하라는 뜻의 제중원(濟衆院)이라고 이름을 개칭했습니다.

이 서양식 병원은 높은 양반들만 사용할 수 있는 병원이 아니었습니다. 가난한 평민들에게도 무료로 진료해 주었습니다. 그 덕분에 어떤 날에는 하루에 265명이나 되는 사람이 왔었다고 그는 기록하고 있습니다.

남녀노소를 불문하고 어떤 병이든지 아침 10시에 오시오.
올 때는 빈 약병을 가지고 와서 미국 의사를 만나시오.

병원 앞에 커다란 광고문이 붙어 있었습니다. 알렌은 수없이 몰려오는 사람들을 일일이 정성스럽게 치료해 주었습니다.

당시 조선 정부뿐만 아니라 민심도 '선교사는 제국의 앞잡이'라는 생각으로 가득 차 있었습니다. 그로 인해 수많은 천주교 선교사들이 목숨을 잃었고, 그에 대항하여 천주교 선교사들도 더욱 강력하게 대응했습니다. 그러는 사이 그들 사이의 벽은 점점 더 높아만 갔고, 골은 점점 더 깊어져만 갔습니다.

하지만 알렌 선교사는 이전의 천주교 선교사와는 달랐습니다. 조정의 신임을 얻었을 뿐 아니라 그의 헌신적인 노력으로 모든 백성들에게 외국 선교사의 인상을 바꿔 주었던 것입니다. 오죽하면 이제 사람들은 외국인만 보면 그가 누구든 개의치 않고 자기 병을 고쳐 달라고 떼를 쓸 정도가 되었습니다.

덕분에 우리가 잘 아는 존 헤론이나 언더우드처럼 초창기 조선에 들어온 대부분의 선교사들은 알렌의 집에서 같이 살고 병원에서 함께 일함으로써 조선 선교를 시작할 수 있었습니다. 그렇게 하나님은 하나님의 방법으로 조선 선교의 문을 조금씩 열어가고 계셨던 것입니다.

선교 동원, 선교 동원가?

제가 하는 사역을 선교 동원(Mission Mobilization)이라고 합니다. 쉽게 말해서 선교를 깨우는 사역이지요. 이런 선교 동원 사역을 하는 분들을 선교 동원가(Mission Mobilizer)라고 부릅니다.

20세기 최고의 선교 동원가 중 한 사람인 오스왈드 스미스는 선교 동원가의 삶을 이렇게 설명하고 있습니다.

소방차가 없었던 시절, 어느 시골 마을에 한밤중에 불이 났습니다. 불이 난 것을 발견한 한 사람이 우물에서 물을 길어 불을 끄고 있었습니다. 이러한 상황에서는 혼자서 불을 끄는 것보다 큰 소리로 '불이야! 불이야!' 소리를 질러 잠자는 사람들을 깨워서 함께 불을 꺼야 한다는 것입니다. 선교 동원가란 바로 선교 마인드 없이 잠들어 있는 사람을 깨우는 삶입니다.

근대 선교의 아버지라 불리우는 '윌리엄 캐리' 선교사도 1793년 인도에 가기 전까지 '이교도' 들에 대한 영국 그리스도인의 잘못된 생각을 바꿔 주기 위해 글을 쓰고 선교지에 가서도 지속적으로 편지를 통해 선교를 동원했습니다. 미국 최초의 선교사 아도니람 저드슨은 1813년 미얀마에 선교사로 가기 전에도 친구들과 함께 선교를 깨우는 동원 사역을 했습니다.

1854년 중국 상하이에 갔던 허드슨 테일러 선교사는 '중국내지선교회'를 창시한 후에 중국에 있는 시간보다 더 많은 시간 동안 전 세계를 다니며 선교사를 모집하고 교회와 성도를 일으키는 선교 동원가의 삶을 살았습니다.

우리 민족을 위해 한평생 살다 가신 포사이드 선교사도 알렉산더라는 선교 동원가를 통해 오게 되었습니다. 알렉산더는 군산에 의료 선교사로 들어와 사역을 하던 중, 병이 들어 미국으로 돌아간 뒤 만나는 사람마다 한국에 의료 선교사가 필요하다고 했고 그 이야기를 들은 포사이드 선교사가 한국 땅에 오게 된 것입니다.

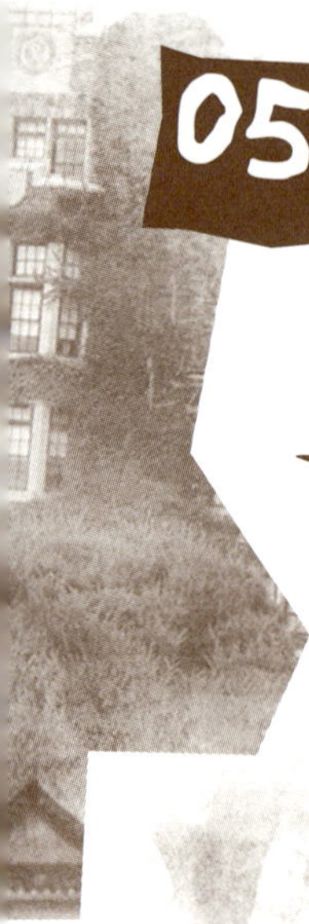

05

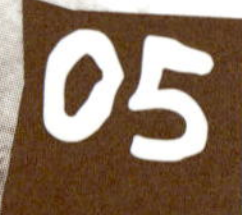

내가 달려갈 길과 주 예수께 받은 사명 곧 하나님의 은혜의 복음을 증언하는 일을 마치려 함에는 나의 생명조차 조금도 귀한 것으로 여기지 아니하노라_사도행전 20:24

그 참을 수 없는 뜨거움으로

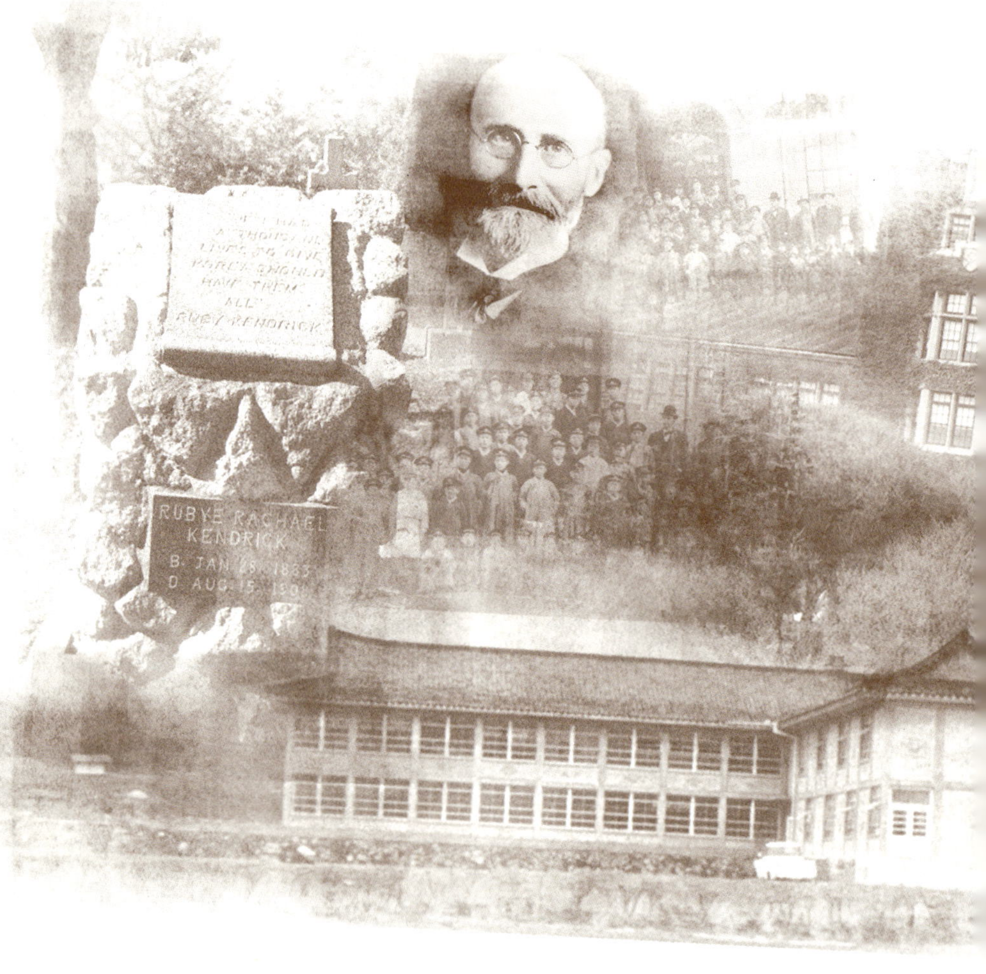

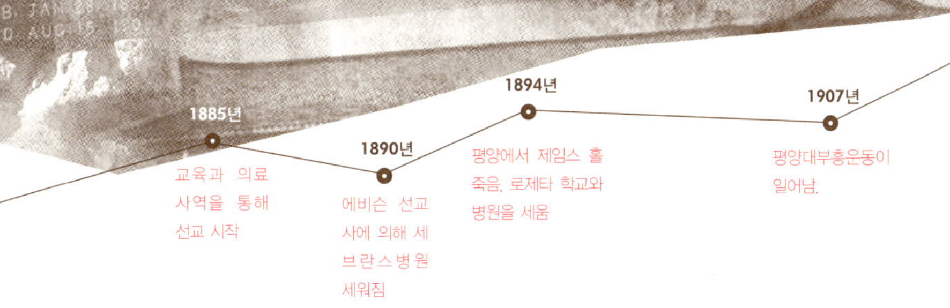

조선이 작년에 문호를 열었습니다. 지금 조선은 1천 3백만 명이 되는 사람들이 복음이 무엇인지도 모른 채 가난과 질병, 학대 속에서 쓰러져 가고 있습니다. 우리는 1년 동안 아무 것도 하지 못하고 시간만 흘려 보냈습니다. 더 이상 그들에게 무관심해서는 안 됩니다. 지금은 조선에 가야 합니다. 주님은 여러분 중에 누군가가 조선을 위해 선교사로 가기를 원하십니다.

1883년 알버트 목사의 호소력 있는 메시지가

미국 '신학교연맹' 모임에 참석한 사람들에게 전달되었습니다. 1년 전에 이미 조선의 문호가 개방되었음에도 교회의 무관심과 시기상조라는 이유로 1년이란 세월을 아무 성과 없이 보냈다는 내용이었습니다. 그들은 그날 조선이라는 나라와 민족에 관해 이야기를 나누며 선교에 대한 열정을 품었습니다. 그 모임에는 아펜젤러와 언더우드 두 신학생이 참석하고 있었습니다.

인도에서 조선으로

당시 인도 선교사로 가기 위해 준비하고 있던 언더우드는 이미 인도 말을 자유롭게 구사할 정도로 인도에 갈 준비가 완벽히 되어 있었습니다. 그런데 그날, 그에게 조선이란 나라에 대한 메시지가 들려왔습니다. 그 작은 나라가 불쌍하기는 하지만 이미 자신은 인도 선교사로 헌신한 사람이었습니다.

모임을 마친 뒤 언더우드는 한 번도 복음을 들어보지 못하고 죽어가는 조선에 대한 이야기를 친구들에게 나누었습니다. 하지만 어느 누구 조선에 대해 반응하는 사람이 없었습니다. 조선이란 나라를 처음 들어 보는 사람도 많았습니다. 그런 나라에 선교사로 간다는 것은 결코 쉬운 일이 아니었습니다.

'복음이 전파되지 않은 그 땅, 주님이 기다리시는 그 땅으로 갈 선교사가 이렇게도 없단 말인가?'

안타까움으로 집에 들어온 언더우드는 하나님께 조선 땅에 누군가 갈 수 있게 해 달라고 기도했습니다. 그때 주님은 언더우드에게 이렇게 말씀하셨습니다.

No one for Korea, How about Korea?
한국을 위해서는 아무도 없다. 한국은 어떻게 할 것인가?

이 음성을 들은 언더우드는 하나님께서 자기를 조선에 부르신 것을 확신하고, 조선으로 가기 위해 장로교 선교부에 조선 선교사로 지원했습니다. 이렇게 믿음 좋고, 헌신할 준비가 된 예비 선교사 언더우드를 선교부에서 거절할 이유가 없었을 텐데, 장로교 선교부의 대답은 "NO!"였습니다.

첫 번째 지원에 고배를 마신 언더우드는 다시 지원서를 냅니다. 하지만 역시나 "NO!"였습니다. 선교부에서 언더우드를 조선에 보내지 않았던 이유는 그가 목사였기 때문입니다. 조선은 지금 선교의 문이 열린 나라가 아니라 간신히 국익을 위해서 의사와 교사만을 받아들이고 있는 상태였습니다. 그런데 거기에 대놓고 목사 선교사를 들여보낸다는 것은 조정의 화를 살지도 모르는 일이었기 때문입니다.

때마침 뉴욕의 한 교회에서 언더우드를 목회자로 청빙했습니다. 조건도 좋고, 교회 측에서도 언더우드를 목회자로 모시기를 강하게

원하고 있었습니다. 언더우드는 마지막으로 한 번 더 조선 선교사로 원서를 낼 것인지, 아니면 청빙하는 교회로 갈 것인지를 놓고 고민합니다.

그러나 언더우드는 분명한 하나님의 음성을 외면할 수 없었습니다. 언더우드는 다시금 선교부에 조선 선교사 지원서를 냈습니다. 세 번씩이나 언더우드의 결의에 찬 모습을 본 장로교 선교부 엘린우드 총무 목사는 다른 선교부 목사들과 상의한 끝에 그를 조선 선교사로 파송하기로 합니다.

처음 미국 개신교에 우리 민족에 대한 정보가 알려졌을 때 그들의 반응은 차가웠습니다.

"조선 선교를 해야 하는가?"

대부분의 미국 교회 리더들은 조선 선교는 시기상조라고 생각했습니다. 천주교 박해에 대한 이야기를 들은 분들의 중론은 "아직까지 조선에 들어가면 위험하다." 는 것이었습니다.

이때 엘린우드 목사가 그 자리에 일어서서 이렇게 외쳤습니다.

"우리 그리스도인들에게 핍박은 축복이 아닙니까? 상황이 어렵다고 해서 그 민족에 선교사를 보내지 않아서야 되겠습니까?"

엘린우드 목사는 여호수아와 갈렙의 메시지를 전하면서 담대히 조선 선교를 해야 한다고 했습니다. 이 발언 덕분에 회의의 결정은 번복되었고, 결국 장로교 선교사들이 우리나라에도 파송되었습니다.

리더의 마음이 얼마나 중요합니까? 아무리 진리를 알고 있다 해도 소용없습니다. 깨어 있지 않으면 우리의 좁은 편견으로 순간순간 하나님의 생각과 계획을 가로막을 수 있습니다.

그리스도인에게 핍박은 저주가 아니라 축복입니다. 알지만 실천할 수 없었던 것이었습니다. 믿지만 겁나는 것이었습니다. 하지만 우리가 깨어서 하나님을 바라 볼 때, 엘린우드 목사처럼 두려움 없이 실천할 수 있을 것입니다.

이 모든 것은 우리 하나님의 계획이었습니다. 이미 인도를 위해 준비하고 있었지만 하나님께서는 언더우드를 우리나라에 보내셨던 것입니다.

이제 그는 약속의 땅 조선으로 가게 되었습니다. 잠언의 말씀대로 사람이 마음으로 자기의 길을 계획할지라도 그 걸음을 인도하는 자는 여호와 하나님이심이 분명했습니다.

조선 상륙 첫 기도문

당시 감리교 선교부에서도 의사를 보내 달라는 요청에 스크렌턴 가족을 조선으로 파송했고, 아펜젤러 선교사도 조선 선교 파송을 허락받고 조선으로 향했습니다. 드디어 1885년 4월 5일 부활절 아침, 긴 항해 끝에 언더우드와 아펜젤러 부부는 인천 제물포 항에 도착했습니다.

태평양 끄트머리의 작은 나라, 조선에 발을 들여 놓은 아펜젤러는 먼저 하나님께 간절한 기도를 올려드렸습니다.

우리는 부활절 아침에 이곳에 왔습니다.

그날 사망의 권세를 이기시고 부활하신 예수님께서

이 백성을 얽어 맨 결박을 끊고

자유와 빛을 주시옵소서

조선에 선교의 문이 열리지 않았을 때 가장 먼저 들어온 선교사는 귀츨라프, 토마스 선교사였고, 쇄국정책이 풀리면서 가장 먼저 조선에 들어온 선교사는 알렌이었습니다. 그 뒤를 이어 아펜젤러, 언더우드, 그 뒤를 이어 스크렌턴*, 존 헤론 선교사가 들어왔습니다. 이들이 서울을 밟기 위해서는 반드시 배편으로 인천 제물포 항에 도착해야 했습니다.

태평양을 건너왔던 존 헤론 선교사보다 인천 제물포 항을 더 일찍 밟은 선교사는 아펜젤러와 언더우드였습니다. 존 헤론 선교사가 아펜젤러와 언더우드 보다 늦게 조선 땅을 밟게 된 이유는 갑신정변이 일어났기 때문입니다. 갑신정변이 일어나자 미국 선교부는 급히 존

스크렌턴 (1856-1922). 미국의 선교사로 1885년에 우리나라에 들어와 이듬해 이화학당을 세웠다.

헤론에게 전보를 보냈습니다. 전보의 내용은 조선의 상황이 좋지 않으니 기다렸다가 좋아지면 들어가라는 내용이었습니다.

그래서 존 헤론은 일본에 남아서 조선의 언어를 배우며 준비하고 있었고, 나중에 파송받은 아펜젤러와 언더우드 선교사가 먼저 들어오게 된 것입니다.

1885년 4월 5일, 제물포 항에는 일본을 출발해서 부산을 경유하여 들어오는 배가 있었습니다. 그 배에는 묄렌 도르프와 고위 관직에 있던 사람들이 타고 있었습니다. 당시 초대 미국 공사였던 폴크가 마중을 나왔고, 알렌 선교사도 선교사들을 맞이하러 제물포 항에 나와 있었습니다.

배가 정박하여 사람들이 육지로 나올 때, 폴크 공사는 낯선 세 명의 서양 사람들을 발견합니다. 바로 아펜젤러 선교사 부부와 언더우드 선교사였습니다.

그들을 본 폴크 공사는 화를 내며 입국을 단호히 거절합니다.

"목사님, 당장 돌아가십시오. 이곳에는 아직 선교의 문이 열리지

아펜젤러의 모습(1858-1902). 언더우드와 함께 우리나라에 들어와 한국 감리교를 창설하고, 배재학당을 설립했다. 1902년 목포에서 열리는 성경 번역자 대회에 참석하기 위해 배를 타고 가던 중 충돌 사고로 목숨을 잃었다.

아펜젤러의 아들, 아펜젤러 2세 헨리 다지의 모습. 그는 조선에서 순교한 아버지 소식을 듣고, 조선에 건너와 한평생 조선의 복음화를 위해 헌신했다.

않았습니다.”

“이분들이 우리 병원에서 일할 수 있도록 입국을 허락해 주십시오.”

알렌 선교사의 부탁에도 폴크 공사는 포교 활동을 목적으로 선교사가 들어올 수 없다고 뿌리칩니다.

“더욱이 여자는 안 됩니다. 다른 사람들이 보기 전에 당장 돌아가십시오.”

아펜젤러의 부인을 보고 하는 말이었습니다. 아펜젤러 부부와 언더우드는 어느 정도 예상은 했었지만 막상 이렇게 난처한 일을 당하게 되니 어찌할 바를 몰랐습니다.

조정의 신임을 받고 이미 제중원을 맡고 있던 알렌은 백방으로 노력했지만 여자는 조선에 입국할 수 없다는 최종 결론이 내려졌습니다. 결국 아펜젤러 부부는 제물포 항에서 입국을 거절당하여 다시 일본으로 돌아가야 했습니다.

“언더우드는 총각이니까 그만이라도 병원에서 일할 수 있게 도와주세요.”

“아니 도대체 병원에서 목사를 데려다가 뭐에 쓰려고 하십니까?”

“어디 할 일이 없어서 못하겠습니까? 정 할 일이 없으면 약봉지라도 싸고, 환자들도 나르고 하면 되지요. 제발 병원에서 일할 수 있게 해 주십시오.”

결국 폴크 공사는 알렌에게 절대로 포교 활동은 하지 않겠다는 약속을 받고 언더우드의 입국을 허락했습니다. 이렇게 해서 아펜젤러

부부는 하는 수 없이 일본으로 돌아가고, 총각이었던 언더우드만 알
렌과 함께 제중원에서 일할 수 있게 되었습니다.

언더우드의 기도문

언더우드에게 조선 사람들을 섬기는 일은 그에게 떨어진 최고의
미션이었습니다. 하지만 모든 것을 포기하고 하나님의 부름을 받고
찾아온 이 조선 땅에서 복음을 전할 방법은 아무 것도 보이지 않았
습니다.

26세의 젊은 선교사 언더우드는 한 번도 복음을 듣지 못하고 죽어
가는 이 민족을 위해 그저 하나님 앞에 눈물로 기도할 수밖에 없었
습니다. 사랑하는 친구 아펜젤러는 조선 입국도 하지 못하고 일본으
로 쫓겨나고, 선교사로 왔지만 막상 복음을 전하지 못하는 암담한
상황 속에서 그는 이렇게 하나님께 기도문을 올렸습니다.

주여! 지금은 아무 것도 보이지 않습니다.

주님, 메마르고 가난한 땅,

나무 한 그루 시원하게 자라 오르지 못하고 있는 땅에

저희들을 옮겨 와 심으셨습니다.

그 넓고 넓은 태평양을 어떻게 건너왔는지

그 사실이 기적만 같습니다.

주께서 붙잡아 뚝 떨어뜨려 놓으신 듯 한 이곳,

지금은 아무 것도 보이지 않습니다.

보이는 것은 고집스럽게 얼룩진 어둠뿐입니다.

어둠과 가난과 인습에 묶여 있는 조선 사람뿐입니다.

그들은 왜 묶여 있는지도, 고통이라는 것도 모르고 있습니다.

고통을 고통인 줄 모르는 자에게 고통을 벗겨 주겠다고 하면

의심하고 화부터 냅니다.

1911년 11월 4일부터 14일까지 개최된 서울 YMCA의 부흥회 장면. 강대상에서 언더우드 (H.G.Underwood, 元杜尤) 목사가 찬양 인도를 하는 모습이다. 지휘자 바로 옆에는 나중에 초대 대통령이 되는 이승만 대통령이 있다.

조선 남자들의 속셈이 보이질 않습니다.

이 나라 조정의 내심도 보이질 않습니다.

가마를 타고 다니는 여자들을 영영 볼 기회가 없으면 어쩌나 합니다.

조선의 마음이 보이질 않습니다.

그리고 저희가 해야 할 일이 보이지 않습니다.

그러나 주님, 순종하겠습니다.

겸손하게 순종할 때 주께서 일을 시작하시고,

그 하시는 일을 우리들의 영적인 눈이

볼 수 있는 날이 있을 줄 믿나이다.

"믿음은 바라는 것들의 실상이요, 보지 못하는 것들의 증거니"

그 말씀을 따라 조선의 믿음의 앞날을 볼 수 있게 될 것을 믿습니다.

지금은 우리가 서양 귀신, 양코배기라고 손가락질 받고 있사오나

저들이 우리 영혼과 하나인 것을 깨닫고,

하늘나라의 한 백성, 한 자녀임을 알고

눈물로 기뻐할 날이 있음을 믿나이다.

지금은 예배 드릴 예배당도 없고 학교도 없고

그저 경계와 의심과 멸시와 천대함이

가득한 곳이지만

이곳이 머지않아 은총의 땅이 되리라는 것을 믿습니다.
주여! 오직 제 믿음을 붙잡아 주소서!

언더우드가 처한 환경을 보면 낙심뿐이었습니다. 선교의 문도 열리지 않고 같은 미국인마저도 그를 조선에서 쫓아내려고 하는 상황이었습니다. 어느 것 하나 쉽지 않았고, 무엇을 어떻게 해야 할지 모르는 아무 것도 보이지 않는 상황에서 그가 간직했던 것은 오직 믿음뿐이었습니다.

학교와 병원을 세우다

조선의 조정은 선교사들의 포교 활동을 철저히 금하고 있었기 때문에 선교사들이 할 수 있었던 사역은 의료 사역과 교육 사역이었습니다. 그래서 의사로 온 선교사들은 병원 사역을, 의사가 아닌 선교사들은 교육 사역을 시작했습니다.

언더우드 선교사는 제중원에서 환자들을 돌보다가 부모 없는 거리의 아이들을 데려다 새롭게 고아원 사역을 시작했습니다.

1886년, 언더우드 선교사가 시작한 고아원은 영국식 고아학교 형태로 운영되다가 '예수교학당' 이라 이름하고, 학비는 물론 의복과 음식까지 주면서 아이들에게 한글과 성경 등을 가르쳤습니다. 이는 후에 '구세학당' 으로 이름이 바뀌었으며 1901년에 연동으로 자리를

138

옮겨 '경신학교'라 불렀습니다. 이것이 오늘날 경신중고등학교의 전신입니다. 이 학교에서 배출한 인물 중에는 우리가 잘 알고 있는 김규식 박사님이 있습니다.

아래 언더우드의 부인이었던 릴리어스 홀튼 선교사가 쓴 글을 보면 김규식이라는 어린아이의 당시 상태가 어떠했는지 알 수 있습니다.

홀튼(1851-1921) 미국 북장로회 의료 선교사. 언더우드의 아내.

이 아이(김규식)의 아버지는 청지사건에 연루되어 귀양을 갔고 어머니는 일찍 죽었다. 관청의 눈이 무섭고 살림이 어려워 친척들도 외면한 여섯 살바기 아이를 우리 고아원에 데려왔다. 사람들은 이 아이가 다 죽게 되었고 죽으면 말썽만 나니 데려가지 말라 했으나 원 목사(언더우드)는 이 애를 데려다 애정으로 양육했고, 훌륭한 기독교인이 되게 했다.

즐거운 한 때를 보내고 있는 언더우드 가족 사진

만약 어린 김규식이 언더우드 선교사를 만나지 않았다면 훌륭한 박사가 되지 못했을 것입니다. 이렇게 초창기 선교사와의 만남은 한 사람의 삶을 바꾸어 놓았습니다.

제가 아프리카에 있을 때 정말 신실한 청년이 있었습니다. 모리 케바라는 청년이었는데, 센터의 재정을 모두 맡길 정도로 정직한 청년이었습니다.

그는 아프리카 내지 깊은 곳에서 살았습니다. 그 마을에 톰 코쉬어라는 선교사 가정이 들어와 케바는 어렸을 때부터 성경을 배우고 예수님을 믿을 수 있었습니다. 그러나 모슬렘이었던 가족들은 예수를 믿는다는 이유만으로 케바를 쫓아냈고, 결국 우리 센터에서 일하게 되었습니다. 그 청년은 이재환 선교사의 도움으로 필리핀에 유학을 가서 한국 선교사들이 세운 신학교를 졸업하고, 우리 선교 센터가 세워진 이래 최초의 목사가 되었습니다.

불쌍한 김규식이라는 어린아이와 언더우드 선교사의 만남, 그리고 톰 코쉬어 선교사와 모리 케바의 만남은 너무도 귀한 만남이었습니다. 선교사가 고향을 떠나 다른 나라에 가서 살게 되면 선교사

개인에게는 어렵고 힘든 삶이지만 이런 귀한 만남을 통해 세상에서 가장 아름다운 이야기가 만들어집니다.

"예수께서… 갈릴리로 물러가셨다가 나사렛을 떠나 스불론과 납달리 지경 해변에 있는 가버나움에 가서 사시니… 흑암에 앉은 백성이 큰 빛을 보았고 사망의 땅과 그늘에 앉은 자들에게 빛이 비치었도다 하였느니라" (마태복음 4:12-16)

존 헤론에서 세브란스까지

우리나라에 선교의 문을 여는 데 가장 귀한 역할을 담당한 것은 병원 사역이었습니다. 태평양을 건너와 일본에 가장 먼저 도착했던 존 헤론 선교사는 갑신정변 때문에 아펜젤러 선교사와 언더우드 선교사보다는 조금 늦게 들어왔지만 의사로 오자마자 곧바로 광혜원에서 알렌 선교사를 도와 일할 수 있었습니다.

광혜원이 제중원으로 이름이 바뀌고 알렌 선교사가 본국으로 들어가면서 존 헤론 선교사는 병원 일과 더불어 궁궐의 많은 환자들을 치료해 주었습니다. 그는 열정으로 복음을 전하고, 왕진을 다니며 전염병을 예방했습니다. 조선 사람을 한 명이라도 더 살리기 위해 불철주야 뛰어다니던 존 헤론이 어느 날 쓰러지고 맙니다.

그는 마지막 유언으로 병원에서 함께 일하던 조선 사람에게 눈물로 십자가의 복음을 전합니다. 그리고 1890년 7월 26일, 우리나라에 온 지 5년 만에 하늘나라로 떠났습니다.

존 헤론 선교사의 죽음으로 병원 사역에 큰 구멍이 생기게 되었습니다. 언더우드는 사랑하는 친구 존 헤론을 양화진 땅에 묻은 후 눈물로 안식년을 맞습니다. 그는 미국 교회를 돌아다니며 조선에 의료 선교사가 꼭 필요하다고 호소했습니다.

"얼마 전 존 헤론 선교사님이 죽었습니다. 지금 조선에는 그를 대신할 의료 선교사가 필요합니다."

그때 '에비슨'이라는 의사가 반응합니다. 조선에 선교사가 필요하다는 말을 듣는 순간 하나님께서 자신을 부르시는 것 같았습니다. 하지만 그는 조선에 선뜻 갈 수 있는 상황이 아니었습니다. 조선에 가려면 배를 타고 한 달 가까이 태평양을 건너야 하는데 에비슨에게는 이미 세 명의 아이가 있었고, 거기다 부인은 넷째 아이를 임신한 상태였습니다.

에비슨은 하나님의 부르심을 놓고 기도하기 시작합니다.

"내가 세상 끝 날까지 너와 함께하리라."

하나님의 음성을 듣고 하나님의 동행하심을 확신한 에비슨은 세 아이와 임신한 아내를 데리고 조선을 향해 떠납니다.

먼저 일본에 도착한 뒤 다시 부산으로 건너와 잠시 정박해 있는 사이 넷째 아이를 낳았습니다. 출산 후 에비슨 가족은 존 헤론이 사역하고 있던 제중원을 찾아갑니다. 에비슨은 하나님께서 부르신 그

자리에서 열심을 다해 섬겼습니다. 매일 많은 환자를 혼자서 다 감당하면서도 지친 기색이 없었습니다. 그보다 너무 좁고 열악한 병원 때문에 걱정이었습니다.

에비슨은 본국에 가서 병원을 세워 달라고 요청합니다. 그의 이야기를 들은 어느 실업가 한 분이 에비슨 선교사를 찾아왔습니다.

"병원이 필요하다는 얘기를 들었습니다. 제가 어떻게 도왔으면 좋겠습니까?"

너무나 기쁜 에비슨은 품에서 조감도를 꺼내 보였습니다.

"이것은 제가 기도하면서 만든 조감도입니다. 교회, 학교, 병원, 선교사 숙소까지 함께 지어서 전체적으로 센터를 만들어 사역을 하고 싶습니다."

세브란스 초대 병원장이었던 에비슨 선교사(1860-1956). 1904년 제중원을 '세브란스'로 개칭하고 병원장에 취임했다. 이후 세브란스병원과 연희전문학교를 통합하여 연세의대 부속 병원을 설립했다. 1935년 은퇴한 후 미국으로 돌아가 1956년 8월 29일 96세의 나이로 별세했다.

조감도를 본 그는 말했습니다.

"제가 모두 후원하겠습니다."

그는 바로 실업가 L. H. 세브란스였습니다. 그가 기부한 2만 5천 달러로 1904년 남대문 밖 과수원 땅을 사서 현대식 시설을 갖춘 병원을 짓고 제중원에서 세브란스병원이라 개칭했습니다. 이것이 바로 오늘날 연세의대 부속 병원의 전신이 되었습니다.

1904년 당시의 세브란스병원 전경

여의사 구함

"이리 손을 내 보시오."

"아니 되옵니다."

"어허~ 그러지 말고 어서 손을 내 보시오."

"소녀 절대 그럴 수 없사옵니다."

"그럼 도대체 나보고 어쩌란 말이오."

이것은 옛날 사극에서나 볼 수 있는 애교 섞인 연인들의 달콤한 대화가 아닙니다. 아파서 열이 펄펄 끓을지언정 외간남자에게 절대 진맥을 짚게 할 수 없었던 조선 아녀자들의 말입니다.

예로부터 유교의 영향을 받은 우리나라는 '남녀칠세부동석'을 꿋꿋하게 지켜왔습니다. 지금이야 완전 자동석이 되었지만 그때만 해도 남자와 여자가 유별하여 같이 앉아 있는 것은 감히 상상할 수도 없는 일이었습니다. 그런데 서양 의사가 들어와서는 망측하게 입 안을 들여다보질 않나, 가슴에다 청진기를 대고는 이곳저곳 짚

144

어보지 않나…. 아무리 나이가 들고 애가 줄줄이 있는 아줌마들이라도 죽으면 죽었지 외간 남자 앞에서 그렇게는 할 수 없다고 생각했습니다.

그렇다고 서양 의사들이 진찰할 때 진맥만 잡을 수도 없고, 어디가 아픈지 환자들의 말만 듣고 약을 지어 줄 수도 없는 노릇이었습니다. 이렇게 우리나라 사람들의 유교적인 관습은 학교에서건 병원에서건 지우기 힘든 '찌든 때'였습니다. 교회라고 예외일 수 없었습니다. 얼마나 '남녀칠세부동석'의 관념이 심했던지 남자들이 교회당에 오면 여자들은 아예 들어올 생각을 하지 않을 정도였습니다. 당시는 교회에서 남자와 여자가 한 공간에 함께 앉는다는 것은 상상도 할 수 없었습니다.

오죽했으면 ㄱ자 교회*가 생겼을까요. ㄱ자 교회는 한쪽에는 남자들이 앉고, 다른 한쪽에는 여자들이 앉아 서로 볼 수 없도록 건물을 지은 것입니다. 강단에 선 목사님이나 선교사님만 양쪽을 다 볼 수 있었습니다.

그랬으니 그 당시 여성들이 병을 고치기 위해 남자 의사에게 진찰을 받는다는 것은 아무래도 불가능했습니다. 그렇다고 아파서 힘들어하는 여자 환자들을 그냥 두고 볼 수만은 없는 노릇이었습니다.

제중원의 선교사들은 회의 끝에 조선에 여의사가 꼭 있어야 한다는 결론을 내리고, 마침내 본국에 여의사를 조속히 보내 줄 것을 요청합니다.

1911년 전주 서문교회의 'ㄱ'자 예배당.

빛과 소금되어

이 정보를 듣고 한 여성이 조선으로 가야겠다는 결심을 합니다. 바로 로제타 선교사입니다. 조선에 가기로 한 로제타 선교사는 뉴욕의 한 빈민촌에 있는 병원에서 잠시 수련의 기간을 갖게 되는데, 그곳에서 제임스 홀을 만납니다.

제임스 홀은 로제타와 같은 선교사 지망생이었습니다. 그는 바쁜 중에도 뉴욕의 빈민촌에서 소외된 사람들을 위해 성실하게 사역했습니다. 그런 제임스 홀을 보고 로제타는 조금씩 마음이 설레었습니다. 마음을 빼앗기기는 제임스 홀도 마찬가지였습니다. 제임스 홀은 '기회는 지금이다' 싶어 로제타에게 프러포즈를 하기로 결심했습니다.

"결혼해서 함께 선교 사역했으면 좋겠습니다."

로제타의 마음은 이미 제임스 홀*에게 빼앗긴 지 오래였지만 막상 프러포즈를 받자 머릿속이 복잡해집니다. 하지만 로제타*는 곧 정신을 차리고 대답합니다.

"저는 안 돼요."

자신이 평소 마음에 담아 두었던 제임스 홀이 결혼해서 같이 선교

146

사로 나가자고 제안했는데 로제타가 이렇게 단호하게 거절한 데에는 두 가지 이유가 있었습니다.

우선은 그가 속한 '해외여성선교회' 의 서약 때문이었습니다. 로제타가 소속되어 있는 해외여성선교회는 기존 선교 단체들이 싱글 여자를 선교사로 받아주지 않은 데 반해 세워진 여성 중심의 선교회입니다. 그런데 이 해외여성선교회의 선교사가 되려면 5년 동안 결혼하지 않겠다는 내부 규율을 따라야 합니다. 이것이 로제타의 발목을 붙잡은 것입니다.

또 하나는 제임스 홀을 위해서였습니다. 그는 중국 선교사가 되기 위해 틈만 나면 중국어를 시험해 보고, 또 중국에 대해 신이 나서 이야기했습니다. 그와 결혼한다면 중국으로 가야 합니다. 하지만 로제타는 이미 여성 의사가 필요한 조선에 헌신하기로 결심했기에 그의 청혼을 받아들일 수 없었던 것입니다.

로제타는 제임스 홀이 상처를 받을까 봐 말도 안 되는 거짓말로 둘러댑니다. 그걸 모를 리 없는 제임스 홀은 로제타에게 다시 프러포즈를 합니다. 그토록 흠모하던 사람의 청혼을 거절해야 하는 로제타의 심정은 답답하기만 합니다. 결국 로제타는 솔직히 마음을 털어 놓습니다.

"저는 조선을 위해서 헌신했어요. 꼭 조선으로 가야 해요."

"그럼 로제타 걱정하지 말고 먼저 조선으로 가세요. 제가 곧 그곳으로 따라가겠습니다.”

제임스 홀 또한 다른 선교회에 소속되어 있어서 선교지를 쉽게 바꿀 수 없는 상황이었습니다. 결국 기약 없는 이별을 한 채 로제타는 태평양을 건너 조선으로 옵니다. 로제타는 서울에 있는 병원에서 묵묵히 조선 아낙네들을 돌보며 사역을 감당합니다.

한편 로제타를 조선으로 보내고 난 제임스 홀은 선교부 목사들을 찾아가서 설득하기 시작합니다.

“저를 조선으로 보내 주세요.”

어제까지만 해도 중국 선교사로 내정되어 열심히 준비하던 사람이 갑자기 자신을 조선에 보내 달라고 하니 선교부 목사들은 당황스러웠습니다. 제임스 홀의 끈질긴 설득으로 선교부에서는 그를 조선 선교사로 허락합니다. 그때부터 그는 중국어를 포기하고 조선말을 배우기 시작합니다. 선교에 대한 열정과 로제타를 향한 그리움이 합쳐지니 못할 것이 없었습니다.

1891년 12월 13일 추운 겨울, 드디어 제임스 홀은 매서운 바람을 이기며 을지로 2가에 있는 제중원으로 찾아옵니다. 진심 어린 마음으로 조선 사람들을 치료하고 있는 로제타의 모습은 제임스 홀의 기억 속에 있던 모습 그대로였습니다. 두 사람은 이듬해인 1892년 6월 21일, 조선 사람들의 축복 속에 벙커 선교사의 주례로 결혼식을 올립니다. 이 결혼식은 우리나라에서 치른 최초의 서양식 결혼입니다.

평양 선교의 아버지 제임스 홀

1893년 5월 4일 결혼한 지 1년 정도 됐을 때, 제임스 홀과 로제타는 조선 전체의 복음화를 위해 평양으로 갑니다. 동료 선교사들이 있는 서울이 아무래도 지내기에 더 편했지만 조선 사람들을 구원하는 일을 늦출 수 없었기 때문입니다.

제임스 홀은 결혼 전 이미 몇 번이나 평양을 다녀왔습니다. 그래서 그는 서문 밖에 두 개의 좋은 자리에 터를 잡고 감리교와 장로교와 함께 일을 시작했습니다. 제임스 홀은 관리들의 박해로 심한 고문을 당하기도 하고 서양 신을 믿지 말라고 강요 당하기도 합니다. 하지만 그는 "하나님께서는 저에게 지금까지 자비로우셨습니다. 나는 그 하나님을 믿을 것입니다." 라고 고백하며 굳건한 믿음을 지켰습니다.

하나님은 그를 통해 복음의 불모지에서 수없이 귀중한 열매들을 거두게 하셨습니다. 그렇게 시작된 평양의 복음화 불길은, 그곳에 학교를 세우고 병원이 세워지고 교회가 세워지는 등 이 땅 전체를 뒤흔들 만큼 엄청난 힘을 가졌던 것입니다.

제임스 홀 가정의 평양 선교는 활발하게 전개되다가 1894년 7월에 발발한 청일전쟁* 때 고비를 맞게 됩니다. 서울에서 시작된 청일전쟁은 1894년 9월 15일에 평양에서 대전투를 하면서 막바지에 이르렀습니다. 이 평양 전투가 전환점이 되어 일본은 전승국이 되었고,

청일전쟁 1894년에 조선의 동학 농민 운동에 출병하는 문제로 일어난 청나라와 일본과의 전쟁. 일본군은 평양·황해·웨이하이웨이(威海衛) 등지에서 승리하고 1895년에 시모노세키 조약을 맺었다.

청국 군은 패주하여 한국으로부터 물러나게 되었습니다.

청일전쟁 때 모든 외국인들은 서울로 피난 갔지만 제임스 홀은 평양에 남아 있는 사람들을 결코 외면할 수 없었습니다. 그는 가족들을 서울에 남겨 두고 혼자 다시 평양으로 갔습니다.

전쟁이 할퀴고 간 상처는 참혹했습니다. 평양 십 리 밖까지 피비린내가 진동했고 시신은 여기저기 널려 있었습니다. 사람들의 신음소리는 날로 커져만 가는데 제대로 된 의약품조차 없었습니다. 부상자들은 말할 것도 없고 각종 풍토병으로 사람들은 목숨을 부지하기조차 어려웠습니다.

제임스 홀은 혼자 이리저리 뛰어다니며 병자들과 함께 날을 지새웠습니다. 빨리 피하지 않으면 본인마저 위험하다는 사실을 알고 있었지만 제임스 홀은 끝까지 남아 환자들을 돌보았습니다. 그러다 결국 제임스 홀마저 전염병에 감염 되어 쓰러지고 말았습니다.

병이 심해지자 제임스 홀은 일본군 부상 군인을 태운 배편으로 서울에 있는 로제타의 곁으로 돌아왔습니다. 아들 셔우드 홀이 아장아장 걸을 때, 로제타가 둘째 아이를 임신하고 있을 때, 이제 뭔가 조선 사람들을 알 것 같고 시작할 수 있을 것 같았던 때에, 하나님은 그를 천국으로 데려가셨습니다.

그가 한국에 온 지 2년 만에 합정동 선교사 묘지, 존 헤론 선교사 옆에 묻혔습니다. 그가 이 땅에 있었던 시간은 짧았지만 하나님의 일은 시간과 비례하지 않습니다. 그 짧은 생애를 통해, 그리고 짧은 사역 기간을 통해 하나님께서 이루신 일은 참으로 위대합니다. 그가 품었던 평양 선교는 다른 선교사들이 그 뒤를 이어 평양을 한국의 예루살렘으로 만들었고, 제임스 홀 부인과 그의 아들 셔우들 홀이 자기의 생을 다 바쳐 이 민족을 섬기고 갔기 때문입니다.

눈물의 환영식

얼마 지나지 않아 제임스 홀의 순교 소식이, 그의 부모님과 그의 모교회 글렌비엘교회에 알려졌을 때, 그의 식구들은 말할 것도 없고 온 교회는 울음바다가 되었습니다.

선교사가 된 지 2년이 채 지나지 않아 목숨을 잃었다는 충격적인 소식을 들은 제임스 홀의 어머니는 가슴이 찢어지는 고통을 겪었습니다. 애지중지 키워서 의사를 만들었고, 그토록 원해서 조선이란 나라에 선교사로 보냈는데….

그 소식을 전해 들은 로제타의 어머니 역시 비통한 마음으로 남편을 잃은 딸에게 편지를 씁니다.

사랑하는 딸 로제타야. 나는 눈물로 이 짧은 글을 쓴다. 어떠한 상황 속에서도 낙심하지 말고 하나님만 바라볼 것을 부탁한다. 하지만 네가 임신하고 있는 아이를 위해서 잠깐이라도 미국에 왔다가는 것이 어떻겠니?

어머니의 편지를 받은 로제타는 그의 어린아이 셔우드 홀을 데리고 잠시 미국으로 돌아갑니다. 셔우드 홀을 등에 업고 미국으로 돌아가는 로제타의 마음은 불과 몇 년 전에 큰 꿈을 품고 홀홀 단신으로 이 땅에 왔을 때와 변한 것이 하나도 없었습니다. 비록 사랑하는 남편의 목숨을 앗아간 나라지만 그의 마음은 여전히 조선을 향한 하나님의 뜨거운 사랑으로 가득 차 있었습니다. 로제타는 배를 타고 조금씩 멀어져가는 조선을 바라보면서, 뜨거운 눈물을 삼켰습니다. 하지만 하나님을 원망하지 않았습니다.

미국에 도착한 로제타는 남편도 없이 에디스라는 딸을 낳습니다. 제임스 홀을 닮은 어여쁜 딸이었습니다. 로제타는 어린아이들이 알아듣지 못하는 것을 알면서도 셔우드 홀과 에디스를 부둥켜안고는 아버지에 대해 그리고 조선에 대해 늘 이야기를 했습니다.

몸이 어느 정도 회복되었을 때 로제타는 셔우드 홀과 에디스를 데리고 시댁 식구들이 살고 있는 캐나다로 떠납니다. 그곳에서 시댁 식구들은 물론이고 글렌비엘교회 온 성도들의 뜨거운 눈물의 환영을 받습니다.

"우리는 당신의 남편 때문에 조선을 가슴에 품었습니다."

글렌비엘교회의 환영사가 시작되었습니다. 제임스 홀 덕분에 저 멀리 있는 미지의 작은 나라에 대한 정보가 글렌비엘교회까지 들리게 되고, 그것을 들은 모든 사람들이 조선을 가슴에 품고 기도하기 시작한 것입니다.

그들은 제임스 홀의 편지를 통해 조선의 소식을 들을 때마다 기도로 협력했습니다. 또한 제임스 홀이 평양에서 학교를 시작할 때 많은 헌금으로 후원하기도 했습니다. 이렇게 그들의 눈물어린 기도와 정성스럽게 보내 준 헌금으로 세워진 학교가 6·25전쟁 이후 평양에서 서울로 옮겨 옵니다. 이 학교가 바로 서울 서강대 앞에 있는 광성고등학교입니다.

"우리는 당신의 사역과 당신 자녀들의 미래까지 책임지고 계속해서 후원할 것입니다."

계속 이어지는 글렌비엘교회의 환영사는 셔우드 홀과 에디스와 나란히 앉아 있는 로제타의 마음을 흥건히 적셨습니다.

"하나님, 이 작은 시골 교회가 가난한 가운데 선교하면서 그토록 눈물로 기도하고, 우리에게 뜨거운 사랑을 전하고 있었군요. 하나님, 저를 다시 조선으로 보내 주세요."

로제타의 마음은 형언할 수 없는 기쁨과 감격으로 가득 찼습니다. 어떠한 어려움과 시련이 와도 이들의 기도와 함께라면 충분히 이겨 낼 수 있을 것 같았습니다. 그런 결심이 있었기에 로제타는 미국에 머무르는 동안 점자를 공부합니다. 맹인들이 눈이 멀어 볼 수는 없지만 손으로 글을 읽을 수 있도록, 그렇게라도 복음을 들을 수 있도록 그녀는 최선을 다합니다.

다시 조선으로

3년 뒤 로제타는 어린 두 자녀들의 손을 잡고 다시 조선으로 돌아옵니다. 제임스 홀의 사역을 그대로 이어받아 그가 이루지 못했던 것들을 하나하나 마무리해 나갑니다.

그런데 로제타의 눈에서 눈물이 채 마르기도 전에 또다른 시련이 닥쳐왔습니다. 이번에는 눈에 넣어도 아프지 않을 그의 사랑하는 딸 에디스가 세 살의 나이에 풍토병을 이기지 못하고 또 눈을 감고 만 것입니다.

남편을 보낸 지 얼마 지나지도 않았는데, 다시 사랑하는 딸을 자신의 손으로 묻어야 했습니다. 쓰라린 고통을 삼켜야 했던 그녀는 먼저 간 사랑하는 딸에게 글을 써 내려갑니다.

만약 주님이 사랑하는 딸을 데려가시지 않았더라면

예수님을 더 잘 의지할 수 있었을 텐데…

이것은 선교사들이 두려워하는 현실이란다.

어쩐지 엄마는 너를 잃은 이 상처를

의지적으로 마무리할 수 있을 것 같지 않단다.

불쌍하고 바보같은 이 엄마!

주님은 엄마를 계속 가엾어하시는 구나!

로제타는 양화진에 있는 남편의 무덤 옆에 자신의 딸을 묻고 하나 남은 아들을 끌어 안으며 간절히 하나님께 기도합니다.

"하나님, 저와 셔우드 홀은 이 땅에서 오래도록 사역하고 싶습니다. 우리를 사용해 주세요."

로제타는 남편과 딸을 잃었지만, 그것은 결코 잃어버린 것이 아니었습니다. 로제타는 남편과 딸아이가 미처 이루지 못한 조선 사랑을 대신 펼치기 위해 더 열정을 쏟았습니다. 평양에 제임스 홀을 기념하는 기홀병원을 세우고 그곳에서 많은 환자들을 돌보았으며, 특별히 여자 환자들을 위해서 '광혜여원'을 개원하기도 했습니다.

로제타는 딸 에디스를 생각하며 평양 시내의 수많은 불쌍한 아이들에게 특별한 관심을 가졌습니다. 그래서 어린아이들만을 위한 병원을 개원하고, 또한 맹인 소녀들에게 점자 교육을 하면서 한국 최초의 맹인학교와 농아학교를 세웠습니다. 로제타는 84살의 나이로 남편의 묘 옆에 묻힐 때까지 이 땅에서 한평생 헌신했습니다.

그녀는 평양 사역뿐만 아니라 우리나라 전체의 의료 발전에 지대한 공헌을 했습니다. 지금 서울 동대문 옆에 있는 이화여대부속병원, 현재의 인천기독병원과 인천 간호보건전문대학으로 창설되었습니다. 미국에서도 로제타의 사역을 인정해, 미국이 뽑은 200대 여인

중의 한 사람으로 선정되었습니다.

43년 동안 하나님은 그녀의 한국 사역을 통해 큰일을 이루셨습니다. 로제타는 자신의 기도대로 오래도록 하나님께 쓰임을 받았고, 제임스 홀과 에디스가 묻혀 있는 양화진에 함께 안장되었습니다.

그녀는 남편과 딸을 일찍 여의어 남들이 보기에는 불행한 사람으로 보였을지라도 그녀가 흘린 눈물은 고통과 좌절이 아닌 소명이 되었습니다.

평양에 부흥이 시작되다

"하나님, 이 땅에 부흥을 허락해 주옵소서! 이 조선 민족이 그냥 교회만 왔다 갔다 하는 것이 아니라 예수 그리스도의 십자가 보혈 앞에 회개할 수 있도록 역사하여 주옵소서…."

1903년 원산에서는 두 여자 선교사가 모여 조선에 부흥의 역사가 일어나기를 바라며 간절히 기도했습니다. 두 여자 선교사가 시작한 기도 모임은 점점 커져 많은 선교사들이 모여 하나님께 부르짖습니다.

그러던 중 기도 모임에서 조선의 부흥을 바라는 부흥 집회를 계획합니다. 이 집회에는 강원도 지역에서 사역하던 로버트 하디 선교사가 강사로 초청되었습니다. 하나님께서는 말씀을 준비하는 로버트

하디 목사에게 성령을 강하게 부어 주셨습니다. 말씀을 전하는 로버
트 하디 목사를 통해 강력한 회개의 역사가 일어난 것입니다.

오, 주님! 용서하여 주옵소서!

조선 사람들은 미개한 민족이라고 생각했습니다.

그들은 진정으로 당신을 만날 수 없을 것이라고 생각했습니다.

오, 주님! 오, 주님!

나의 자만심을 회개합니다….

로버트 하디 선교사는 토론토 의대를 졸업
한 수재였습니다. 그런 그가 강원도에서 선
교하면서 전혀 열매를 맺지 못하고 계속 실
패만 했습니다. 그는 선교의 실패 원인을 조
선 사람 때문이라고 생각했습니다. 한 번도
자기 때문이라고 생각한 적이 없었습니다.
그런 그에게 하나님께서는 그것이 죄라는 것
을 깨닫게 하셨습니다.

로버트 하디 목사가 통곡하며 회개하자 다
른 선교사들도 하나둘 씩 고백하기 시작했습
니다.

"저도 그랬습니다."

로버트 하디(1865-1949)
1890년 서울, 부산, 원산 등
에서 의료 선교를 했으나 선
교의 열매가 없었다. 그는
1903년 8월 24일부터 일주
일 동안 원산에서 연합기도회
를 인도하며 성령의 임재가
없는 사역이 무의미함을 깨달
았다. 1906년 8월 평양에서
연합기도회 등을 인도하며 회
개했고, 이것이 이어져 '평양
대부흥운동'의 기폭제가 됐다.

“우리도 그랬습니다.”

모든 선교사들이 공개적으로 회개했습니다. 이로 인해 죄가 무엇인지 회개가 무엇인지도 모르고 살았던 조선 사람들이 죄를 깨닫고, 미워한 것을 회개하고 용서를 배우고 눈물로 기도를 드립니다. 그리고 이 뜨거운 회개의 눈물이 모여 1907년에는 ‘평양대부흥운동’이 일어나게 됩니다.

1886년 토마스가 처음으로 순교하고 제임스 홀 선교사가 목숨을 바친 이 평양 땅. 하나님께서는 순교의 피를 흘린 바로 이 땅에서 엄청난 부흥의 역사를 일으키셨고, 빛과 소금의 열정을 지닌 하나님의 사람들을 일으키셨습니다.

세례를 베풀어 주세요

1887년 9월 27일 저녁, 서상륜의 전도로 예수를 믿고 있던 서울
의 신자들 14명이 언더우드의 집 사랑채에 모여 처음으로 예배를
드리게 되었습니다.
그 집이 나중에 새문
안교회의 첫 예배 처
소로 기록됩니다. 처
음에는 언더우드 선
교사의 집이 정동에
있어서 정동교회라고
부르다가 새로운 문

1887. 9.27 첫 예배를 드린 정동 언더우드 선
교사 사저 안의 일자형 한옥 예배당

안에 세워진 교회라고 하여 '새문안교회'로 부르게 되었습니다.
새문안교회의 첫 장로 서상륜, 백홍준은 평양 의주에 있을 때가 많
았습니다. 비록 거리상으로는 멀리 떨어져 있었지만 복음의 동역자
로 복음화에 힘썼습니다.
어느 날 언더우드가 의주에 머물고 있을 때 한밤중에 서상륜이 찾
아왔습니다.
"선교사님, 지금 빨리 와서 세례 좀 베풀어 주세요."
당시에는 선교사들의 포교를 엄격히 금하고 있을 때였습니다.
"조선에서 세례를 주는 것은 조정에서 금하고 있어서 힘듭니다."
그러자 서상륜은 걱정하지 말라며 언더우드와 함께 압록강으로 갔
습니다. 압록강 이편은 조선이고, 저편은 중국 땅이기 때문에 거기
서 세례를 주면 아무 문제가 생기지 않는다는 기막힌 생각을 한 것
입니다. 그날 언더우드 선교사는 압록강 건너편에서 34명이나 되
는 사람에게 세례를 베풀었습니다.

Baby 선교사

제임스 홀 부부에게는 하나님이 주신 귀한 보물이 있었습니다. 바로 그들의 사랑스런 아들 셔우드 홀입니다. 셔우드 홀은 서울에서 태어나 한 살이 채 되기도 전에 부모님 등에 업혀서 평양으로 이사했습니다. 제임스 홀 부부가 평양에 도착했을 때 이들은 사람들의 경계의 대상이었고, 혹시라도 해코지를 당할까 봐 멀리하곤 했습니다. 그러나 이들 부부의 갓난아이 셔우드 홀을 보고는 다들 신기하게 여겼습니다.

처음엔 그저 셔우드 홀을 업고 있는 로제타 뒤에 멀찌감치 떨어져 쳐다볼 뿐이었습니다. 그 모습을 본 로제타는 선뜻 아기를 조선 사람들의 품에 안겨 주자 해맑은 웃음을 짓고 있는 셔우드 홀을 보는 평양 사람들의 마음이 열리기 시작합니다.

이 소문은 삽시간에 퍼져 동네 사람들은 외국인 아이를 보려고 줄을 서서 기다렸습니다. 그 전에도 외국인을 보긴 보았지만 키가 자기보다 한 자나 더 큰 서양 사람들만 보았지 귀엽고 예쁜 아기들을 본 적이 없는 평양 사람들은 이 아기를 구경하기 위해서 제임스 홀의 집으로 몰려왔습니다.

로제타가 아기를 데리고 방에 들어가 있으면 사람들이 방을 가득 메워 아수라장이 될 정도였습니다. 이렇게 몇날 며칠을 하다가 지친 로제타 홀은 아예 밖으로 나가서 마당에 멍석을 깔아 놓고 아이를 안고 앉아 있었습니다.

조선 사람들은 셔우드 홀의 파란 눈을 뒤집어 보기도 하고 곱슬거리는 머리카락을 만져보며 신기해 합니다. 사람들은 신기하고 재미있었겠지만, 그걸 당하는 셔우드 홀이 얼마나 고통스러웠겠습니까? 그러다가 아이가 울음을 터뜨리면 조선 사람들은 그제야 믿을 수 있겠다는 듯이 "아~ 사람이 맞네, 맞아." 하며 돌아갔다고 합니다. 셔우드 홀 덕분에 제임스 홀 부부는 평양 사람들과 쉽게 친해질 수 있었습니다.

양화진 선교사 묘지가 생긴 이유

존 헤론 선교사가 죽었을 당시엔 선교사를 묻을 수 있는 땅이 없었습니다. 동료 선교사들은 존 헤론의 시신을 집 뒤뜰에 묻으려 했지만 조선 사람들의 반대에 부딪히게 됩니다. 서울 사대문 안에는 시체를 묻을 수 있는 곳이 없었고, 그렇다고 삼복더위에 인천 송도에 있는 외국인 묘지까지 갈 수도 없는 노릇이었습니다.

시신은 점점 썩어가고 냄새가 나기 시작했습니다. 할 수 없이 동료 선교사들은 존 헤론을 사랑하고 아꼈던 고종 황제를 찾아갑니다. 고종에게 존 헤론의 죽음을 눈물로 호소하면서 그를 묻을 수 있는 땅을 달라고 부탁합니다. 고종 황제는 이 호소를 듣고 서울 성 안에서 십 리 정도 떨어져 있는 한강의 모래땅을 줍니다. 그곳이 지금 서울 합정동 선교사 묘지입니다. 양화진 선교사 묘지는 존 헤론 선교사 때문에 생긴 땅입니다.

06

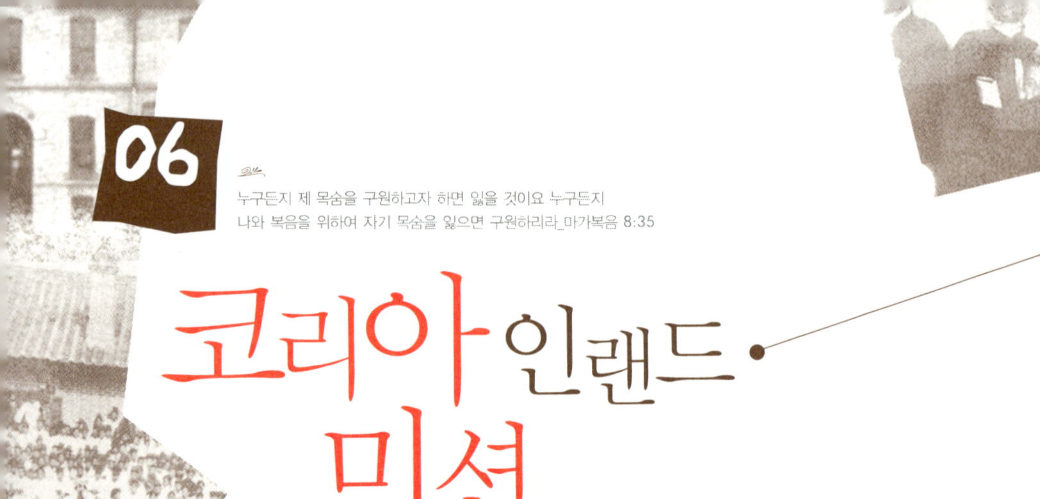

누구든지 제 목숨을 구원하고자 하면 잃을 것이요 누구든지
나와 복음을 위하여 자기 목숨을 잃으면 구원하리라_마가복음 8:35

코리아 인랜드 미션

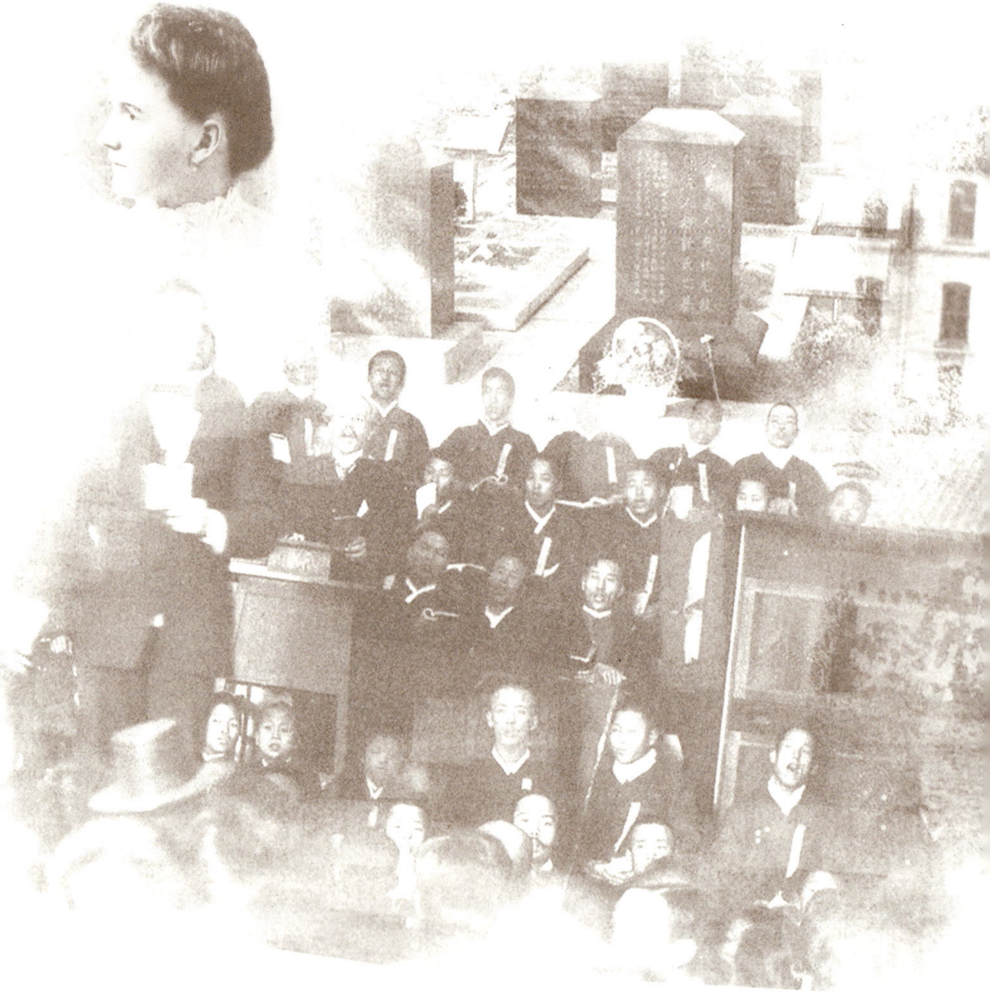

1793년, 윌리엄 캐리 선교사가 인도에 도착하면서 근대 선교의 문이 열렸습니다. 우리는 그 선교의 시작을 '해안 선교'라고 부릅니다.

해안 선교 시대에는 많은 선교사님들이 각 대륙으로 가지 않고 해안가에 머물러서 선교했습니다. 1854년 22살의 나이로 상하이에 도착한 허드슨 테일러 선교사는 중국 내지로 들어가 그 땅을 탐방하면서, 그곳에 선교의 흔적이 전혀 없다는 것을 알게 되었습니다. 그는 단 한 번도 복음을 듣지 못하고 죽어가는 내지에 있는 영혼들이 복음을 들어야 한다는 주님의 마음을 열정적으로 실천해 갔습니다.

1865년 'China Inland Mission'을 세워서 수많은 사람들을 중국 오지로 보내어 그곳에 있는 사람들로 하여금 복음을 들을 수 있게 했습니다. 처음에는 내지 선교회를 이해하지 못했던 사람들 때문에 반대의 벽에 부딪히기도 하고 내지 선교를 하면 후원을 안 하겠다는 사람들도 있었습니다. 허드슨 테일러는 그런 상황 속에서 하나님만 바라보게 되었는데, 그것이 유명한 하나님만 '의지하는 선교(Faith Mission)' 입니다.

그 후에 선교의 방향은 크게 바뀌어 모든 선교단체가 내지 선교를 지향하게 되었고 A.I.M(Africa Inland Mission), S.I.M.(Sudan Interior Mission)이 생겨나게 되었습니다. 그때 '한국내지선교(Korea Inland Mission)'라는 용어도 사용하게 됩니다.

우리나라 부산과 인천, 목포는 해안 선교라 말할 수 있고, 그 해안에서 깊숙이 들어가는 대구, 광주 등을 내지 선교라고 말할 수 있습니다. 이제부터 내륙 깊숙이 선교의 장이 넓혀지는 아름다운 이야기들을 살펴보도록 하겠습니다.

한 알의 밀알이

우리나라로 들어오기 위해서 현해탄을 건너 가장 먼저 도착하는

곳은 우리나라 제 1의 항구 도시 부산입니다. 외국인들이 처음 배에서 내려 우리나라 사람을 제일 처음 보는 곳도 부산이고, 우리나라의 땅을 처음으로 밟는 곳도 부산입니다. 우리나라 말을 제일 처음 들어 보는 곳도 부산이고, 우리나라 음식을 제일 처음 먹어 보는 곳도 부산입니다.

아펜젤러와 언더우드 선교사도 일본을 경유하여 부산에 먼저 도착했었습니다. 그러고는 부산에서 서울로 오기 위해 다시 3일 동안 항해한 다음, 4월 5일 인천 제물포 항에 도착한 것입니다. 태평양을 건너서 오는 분들은 부산이 조선 땅의 첫 관문이었던 것입니다.

호주 출신의 조셉 헨리 데이비스* 선교사와 누이 메리 데이비스 선교사는 1889년 8월 22일 호주 멜버른에서 배를 타고 태평양을 건너 1889년 10월 2일 부산에 도착했습니다. 처음 부산 땅을 밟았을 때 그들은 마치 자기 고향 땅을 밟는 기분이었을 것입니다.

고향 멜버른이 항구 도시였기 때문에 그는 더욱이 부산에서 섬기고 싶은 마음이 간절했습니다. 조셉 헨리 데이비스와 메리 데이비스 남매는 부산에서 사역을 시작하기 전에 먼저 서울로 올라와 언어를 배웠습니다.

어느 정도 언어가 되면서 헨리 데이비스 선교사는 부산을 향해 발걸음을 옮겼습니다. 걷기도 하고 때로는 말

조셉 헨리 데이비스 원래 누이와 함께 인도에서 사역했으나 건강이 악화돼 호주로 귀국했다. 그때 조선에 선교사가 필요하다는 소식을 들었고, 그는 누이와 함께 1889년 10월 조선에 들어왔다. 서울에 도착한 데이비스는 5개월 동안 열심히 한글을 배운 뒤, 미개척지인 부산을 선교지로 정하고 출발했다. 그러나 부산에 거의 도착했을 무렵(1890년 4월 15일) 그는 천연두와 급성 폐렴에 걸려 목숨을 잃고 말았다. 그의 죽음이 호주 교회로 하여금 조선 선교를 시작하게 하는 계기를 만들었다.

을 타고 수원, 천안, 대구를 거쳐 1890년 4월 4일 부산에 도착했습니다. 그러나 조셉 헨리 데이비스는 부산에 도착하기 전 5일 동안 아무 것도 먹지 못하고 천연두와 폐렴에 걸리고 말았습니다.

도착한 바로 다음날인 4월 5일 게일* 선교사의 품에서 하늘나라로 부름을 받고 맙니다. 평양 선교의 꿈도 이루지 못하고 순교했던 토마스 선교사 다음으로, 데이비스 선교사는 부산 선교의 꿈을 이뤄 보지 못한 채 부산 영선동에 묻히고 말았습니다.

하지만 이 순교의 피는 절대로 그대로 있지 않습니다. 반드시 흐르게 되어 있습니다. 하나님께서는 은혜로 이 모든 것을 다 갚아 주십니다. 데이비스의 순교 소식은 곧 그를 파송했던 호주 멜버른에 전해졌고, 많은 사람들이 헨리 데이비스 선교사의 순교의 피를 헛되이 하지 않으려고 이곳저곳에서 일어났습니다.

이 한 사람으로 조선이란 나라가 소개되고, 한 알의 밀이 땅에 떨어져 죽음으로 인해 수많은 사람들이 불일 듯 일어나 조선을 위해서 헌신할 것을 다짐했습니다.

코리아 인랜드 미션의 선구자, 윌리엄 베어드

데이비스의 희생을 계기로 호주 선교부에서는 조선에 집중적으

로 관심을 기울입니다. 특히 그가 순교했던 부산 땅에 전폭적인 지원을 아끼지 않았고 그로 인해 많은 호주 선교사들이 이 땅을 찾아왔습니다.

당시 부산 선교를 개척하면서 부산초량교회를 시작했던 윌리엄 베어드* 선교사는 부산을 호주 선교부에 맡기고, 자신은 단 한 번도 복음을 들어 보지 못한 또 다른 지역으로 갈 것을 생각합니다.

'중국내지선교회(China Inland Mission)'를 만들었던 허드슨 테일러와 마찬가지로 조선의 내륙으로 들어가야 한다고 생각했던 것입니다. 그래서 부산을 출발해 경상남도로 전도 여행을 떠났습니다. 여행 중 말에서 떨어져 갈비뼈가 부러지기도 하고, 강도와 산적을 피해 빨리 가려다 다치기도 했습니다. 벼룩 때문에 우편낭(우편물을 넣고 다니는 주머니)에 들어가 자기도 하고, 이나 벼룩이 올라와 침대 다리 밑에 물을 담은 세숫대야를 받쳐 놓기도 했습니다. 다음은 1893년 그가 전도여행 중 밀양에서 쓴 글입니다.

우리는 어두울 때 밀양에 도착했다.

그 곳에 있는 마을은 작아 보였다. 전도할 수 있는 기회는 몇 번 없었고 우리는 몇 권의 책만 팔 수 있었다. 사람들은 모두 우리를 피했다.

경상도 지역을 모두 돌아본 그는 '코리아 인랜드 미션'을 허락해

대구에 세워진 '선교사의 집' 전경

달라고 본국에 요청했고, 선교부의 허락을 받은 윌리엄 베어드 선교사는 대구에 있는 정완식 씨의 집을 사서 이사했습니다. 이것이 대구 선교의 시작인 것입니다.

그러나 선교본부는 윌리엄 베어드 선교사의 교육적인 달란트를 인정하고, 그를 전 한국 교육담당 선교사로 임명하였습니다. 대구 선교에 애착이 있었던 그는 떠나기 힘들었지만, 믿을 수 있는 처남이 있었기에 마음 편히 맡기고 떠날 수 있었습니다. 그는 대구를 떠나 서울에서 사역을 하다가 평양에서 숭실학교를 시작했습니다.

대구 선교의 3인방

아담스 선교사는 부산에서 언어를 배우고 있던 중, 매형 윌리엄 베어드 선교사가 전 한국 교육 담당 선교사로 발령받아 대구를 떠나게 되면서 대구에 왔습니다. 그후에 존슨* 선교사가 이사 오면서 두 가정이 함께 대구 선교를 맡게 됩니다.

이들은 날마다 예배드리며 하나님께 기도드렸습니다.

"하나님, 우리 두 가정이 대구도 선교하기 힘든데 어떻게 경북 지역 일대를 다 전도하나요? 저 안동 위까지 어떻게 전도하나요? 추수할 곳은 많은데 일꾼이 없습니다. 일꾼을 보내 주세요."

어느 날 기도회를 마치고, 아담스 선교사가 존슨 선교사에게 이렇게 질문했습니다.

"이 땅에서 우리와 함께 사역할 수 있는 사람이 필요한데 혹시 생각나는 사람 없나?"

계성고등학교 설립자 아담스 선교사(1867-1929)는 미국 북장로회 선교사로 1897년 11월에 대구에 왔다. 대구, 경북 지역의 첫 번째 교회인 남문안교회를 설립했다.

잠시 골똘히 생각하던 존슨의 머릿속에 번쩍 떠오르는 사람이 있었습니다. 예전에 어머니께 들었던, 한 사람. 얼굴도 전혀 모르고 이름도 가물가물했지만, 분명 어머니의 친구 분의 자녀 한 명이 선교 비전이 있다고 들었던 것이 떠오른 것입니다.

그는 곧장 고향에 있는 자신의 어머니에게 대구의 사정을 자세히 얘기하면서 급히 함께 일할 동역자가 필요하다는 편지를 썼습니다. 편지를 부치고 돌아오면서 존슨은 여러 가지 생각이 들었습니다.

'지금 그가 어떻게 살고 있을까. 여전히 선교의 비전을 품고 있을까. 어쩌면 이미 다른 나라에서 선교사로 가 있을지도 몰라.'

존슨 선교사의 편지가 어머니에게 도착했을 때, 또 한 통의 편지가 도착했습니다. 바로 어머니 친구의 아들이 보낸 편지였습니다.
어머니는 그 두 통의 편지를 한날한시에 받은 것도 놀라웠지만, 편
지의 내용을 읽고 더욱 놀랍니다.

오래 전 선교사의 삶을 살기로 헌신했는데, 이제는 구체적으로 선교지를
정하고 선교지를 향해 나아갈 때인 것 같습니다. 요즘 많은 선교사들이
중국을 향해 가고 있어서 저 또한 중국을 항상 염두에 두고 있었습니다.
마침 중국 사람을 만나게 되었습니다. 동양인을 볼 기회가 별로 없어서
낯설기는 했지만, 그래도 선교의 불타는 마음으로 그와 몇 마디 대화를
나눴는데 그만 제 눈이 뻣뻣하게 굳어지고 말았습니다. 그 사람이 읽고
있던 책을 보았기 때문입니다. 생전 보지도 못한 글씨가 빽빽이 적혀 있
었습니다. 그런 글씨를 쓰는 것은 고사하고, 그 복잡하고 어렵게 생긴 글
씨를 배우고 그것을 가지고 선교할 생각을 하니 상상만으로도 미리 겁에
질립니다.
'하나님, 전 안 될 것 같습니다. 제발 이런 나라에는 안 가게 해 주세요.
스페인어를 쓰는 나라로 가게 해 주세요.' 하는 기도가 저절로 나왔습니
다. 그러고 나서 계속 스페인어를 사용하는 나라에 선교를 가려고 할 때
마다 길이 막혔습니다. 그래서 어느 날, 하나님께 간절히 기도를 드렸습
니다.
'하나님, 제가 어느 나라에 갔으면 좋겠습니까?'
그때 제 머릿속에 몇 년 전에 아주머니의 아들 존슨이 조선이란 나라에

선교사로 갔다는 이야기가 갑자기 떠올랐습니다. 그 길로 당장 어머니에게 달려가 아주머니의 주소를 받아왔습니다. 혹시 아드님 연락처를 알 수 있을까요?

그 즉시 존슨의 어머니는 브루언에게 편지를 씁니다.

브루언, 나는 오늘 참 감사한 편지를 두 개 받았다. 하나는 너로부터 온 편지였고, 또 하나는 나의 아들 존슨에게로부터 온 편지였다. 그런데 그 편지에는 너는 존슨의 주소를 알려 달라고 하고, 존슨은 또 너의 주소를 알려 달라고 하는구나.

이 편지를 받은 브루언은 그 자리에서 무릎을 꿇습니다. 그리고 하나님께 기도합니다.

"하나님, 저를 대구로 부르신 줄 믿습니다."

브루언* 선교사는 그렇게 해서 대구에 왔습니다. 그래서 이 세 사람이 대구 선교의 3인방이 되었습니다.

초창기 대구 선교지부의 선교사 가족. 왼쪽부터 사이드보탐 선교사, 사이드보탐의 부인, 존슨 의사 부인과 딸, 아담스 선교사, 계성학교 대리 교장을 역임한 브루언 선교사의 모습이다.

대구 성 안의 3S

그렇게 뭉치게 된 아담스, 존슨, 브루언 이들 대구 선교 3인방은 각기 다른 경로를 통해서 이곳에 오게 되었지만 대구 지역의 복음화를 위해 그 어느 팀보다 환상적인 호흡을 자랑했습니다.

대구 선교의 개척자 브루언. 경북 지역을 다니며 순회 전도와 교회 개척을 했으며, 나환자를 돌보고 대남학교와 대구 남산교회에서 시무했다. 1940년 일본으로 강제 추방당한 뒤 1957년 캘리포니아에서 하나님의 부르심을 받았다.

하지만 이들이 아무리 선교 마인드로 똘똘 뭉쳤다고 해도 어려움이 왜 없었겠습니까? 다만 말을 못할 뿐이지요. 이들 외국인들이 정말 견디기 힘든 어려움이 세 가지가 있었으니 바로 3S였습니다.

그 첫 번째 S는 Smoke(연기)였습니다. 성 안에서 살면서 굴뚝도 제대로 갖추지 못한 집에서 생나무를 태워 대는 바람에 집안 가득히 차는 연기와 조선 양반들이 피워대는 담배 연기는 선교사들이 견디기 힘든 것 중 하나였습니다.

두 번째 S는 Smell(냄새)입니다. 냄새는 쉽게 상상할 만합니다. 우리도 다른 나라 사람들을 만나면 이상한 냄새를 느낄 수 있으니까요. 그들도 마찬가지였습니다. 그건 그래도 참을 만했습니다. 사람 냄새는 서양 사람들이 우리보다 더 지독하게 났으니까요. 그런데 심방을 가서 예배 드릴 때는 정말이지 견딜 수가 없었습니다. 방마다 띄워 놓은 메주 냄새 때문에 숨을 쉴 수 없었습니다.

아담스 선교사는 1906년 10월 15일 남문안교회 내에 계성학교를 개교했다.

그들이 가장 참기 힘든 세 번째 S는 Sounds(소리)였습니다. 동네 개들이 이 서양 사람들의 독특한 냄새를 가만 놔둘 리 없었습니다. 어디 좀 가려고 하면 온 동네 개들이 잡아먹을 듯 사납게 눈을 부릅뜨고 짖어 댔습니다. 그뿐 아니라 조용한 밤의 적막을 깨뜨리고 '뚝딱! 똑딱! 뚜다닥딱!' 들리는 빨랫방망이 소리는 도저히 밤잠을 이루지 못하게 했습니다. 또 시도 때도 없이 들리는 무당의 굿하는 소리는 그들을 성 밖으로 몰아내기에 충분했지요.

도저히 성 안에서는 살 수 없다고 느낀 선교사들은 성 밖으로 땅을 보러 다녔습니다. 그런데 예상 외로 성 밖으로 나가면 엄청 넓은 땅을 살 수 있고 염원했던 학교도 세울 수 있을 것 같았습니다.

관리를 찾아가 성 밖의 땅을 사겠다고 하니 그들도 좋아하는 눈치였습니다. 사실 그 땅은 장례를 치를 돈 없는 가난한 사람들의 시신을 가마니에 싸서 파묻었던 곳이었습니다. 그 지역 사람들은 귀신이 나온다고 얼씬도 하지 않는 땅을 선교사들이 사러 왔으니 관리의 입장에서는 좋을 수밖에요. 선교사들은 그 땅에 집을 짓고 생활하면서 애락원을 설립하여 나환자들을 돌봐주었고, 계성학교와 신명여고를 지었습니다.

저는 가끔 대구에 내려갈 때마다 이분들이 살았던 집을 방문해 봅니다. 편하고 안락한 삶을 포기했던 그분들을 생각하면 눈물이 납니다. 지금도 대구 땅은 우상 숭배가 많고 안동의 양반 마을은 복음을 전하는 데 큰 걸림돌이 되고 있습니다. 당시 선교사님들에게도 경북 지역은 선교하기 너무 힘든 곳이었습니다.

풍토병을 이겨내지 못하고 죽은 자녀를 집 앞에 눈물로 묻으면서도, 그런 열악한 환경을 불평하기보다 도리어 자신들을 이 땅에 보내신 하나님의 마음을 헤아렸습니다. 그런 마음으로 대구 사람들을 사랑했던 선교사들이 있었기에 대구 지역에 복음의 씨앗이 뿌려질 수 있었습니다.

7인의 개척 선교사

이제 각 나라의 선교사들에게도 코리아 하면 '서울'이 금세 떠오르고, 북쪽의 평양도 꽤 유명해졌습니다. 살지 죽을지도 모르면서 중국어 성경책 하나 들고 와서 복음을 전하기 위해 애쓰던 게 엊그

제 같은데 이제는 세계 각처에서 수많은 선교사가 한국에 들어와 마음껏 선교를 할 수 있게 되었습니다.

언더우드 선교사는 사랑하는 친구 존 헤론 선교사를 선교사 묘지에 묻고, 가는 곳마다 조선 땅에 선교사를 더 보내 달라고 눈물로 호소했습니다. 미국 북쪽 지역 교회와 성도들은 언더우드의 절박한 절규에 후원을 약속하고 젊은이 가운데는 선교사로 가겠다고 지원하거나 관심을 보인 청년들이 많이 있었습니다.

언더우드 선교사는 미국 남쪽 지역으로 선교여행을 떠날 때, 조선 땅 서남쪽을 여행했던 생각이 떠올랐습니다. 조선의 서남쪽, 곳곳에 펼쳐지는 아름다운 자연 경치와 유유히 흐르는 맑은 강들은 더할 나위 없는 감탄을 자아냈습니다. 말투는 느리지만 구수한 사투리를 쓰는 사람들의 인심도 좋았습니다. 서울에만 있었을 때는 볼 수 없고, 느낄 수 없는 것들을 서울을 벗어나 다른 지방에 가서는 새삼 배우는 것들이 많이 있었습니다. 그런데 한 가지 놀라운 사실은 그 넓고 아름다운 지방에서 살고 있는 수많은 사람들을 위해서는 단 한 명의 선교사도 없다는 것이었습니다.

그래서 그는 미국 남쪽 지역 교회들을 탐방하면서 말합니다.

"조선의 충청도 지역과 호남 지역에는 단 한 사람의 선교사도 없으며, 그 지역 사람들은 복음이 무엇인지도 모르고 죽어 가고 있습니다."

언더우드의 말에 많은 사람이 관심을 보였고, 그 중에 7명의 사람이 조선의 호남 지역으로 가기로 확정되었습니다. 그러나 그들이 속해 있던 미국 남장로교회는 재정적인 여유가 없다는 이유로 그들을 보낼 수 없다고 통보했습니다. 단 한 번도 복음을 듣지 못하고 죽어가는 충청도와 전라도 사람들의 선량한 모습이 언더우드 선교사의 눈에 아른거렸습니다. 이제 막 본격적으로 뭔가를 시도해 보려는 언더우드 선교사에게 정말이지 힘이 빠지는 소식이었습니다. 서운함을 넘어 절망스럽기까지 했습니다.

지금 충청도와 전라도에는 할 일이 태산이고, 더군다나 오겠다는 사람이 일곱 명이나 되는데 돈이 없어서 파송할 수 없다니 너무나 억울하고 분통했습니다. 그래서 언더우드는 늘 자신을 위해 기도하고 물질로 후원는 그의 형, 존 토마스에게 한숨 섞인 목소리로 이야기했습니다. 동생의 이 어처구니없는 사연을 들은 존 토마스는 두 번 생각할 것도 없이 언더우드에게 약속합니다.

"걱정하지 마. 내가 모두 후원할게."

언더우드가 '가는 선교사'였다면 그의 형 존 토마스는 철저하게 '보내는 선교사'였습니다. 그는 조선에서 일하는 동생을 위해 물질뿐만 아니라 끊임없이 기도로 후원하는 무릎 선교사였습니다. 그러나 보내는 선교사의 임무에 충실하려면 무엇보다도 물질이 뒷받침되어야 했습니다.

당시에는 일명 '블라인드 타이핑'이라는 타자기를 사용했습니다. 그런데 이 타자기는 종이가 밑에 있어서 볼 수 없기 때문에 꽤나 고

생해야 했습니다. 존 토마스는 이 블라인드 타이핑의 결점을 완벽하게 보완하여 타이프 치는 것을 보면서 문서를 만들 수 있는 타자기를 발명합니다. 그것이 '언더우드 타자기' 입니다.

이로써 엄청난 물질의 축복을 받은 그는 무려 만 달러가 넘는 헌금을 합니다. 지금 돈으로 환산하면 2억 5천만 원이나 되는 금액입니다. 이 금액은 북장로교 선교사 6명과 남장로교 선교사 7명 모두를 조선에 보낼 수 있는 돈이었습니다. 여기에 언더우드가 모금했던 헌금까지 합쳐, 13명의 선교사님들을 조선으로 보낼 수 있게 되었습니다. 그렇게 하여 13명 중 남장로교 7인의 선교사를 조선의 호남 지방으로 파송하기로 합니다.

리니 데이비스와 어머니

7명의 선교사 중 네 분은 결혼한 선교사(전킨 선교사, 레이놀즈 선교사 가족)였고, 테이트와 메티는 남매 선교사였습니다. 리니 데이비스는 싱글 선교사였습니다. 리니 데이비스는 조선으로 가는 것이 결정되었지만 차마 그 사실을 어머니에게 털어놓을 수 없었습니다. 자신이 떠나면 몸도 성치 않으신 홀어머니를 보살펴 드릴 수 없기 때문입니다.

그 사실을 안 어머니는 딸 데이비스를 부릅니다.

"데이비스야, 나 때문에 네가 조선 땅에 가는 것을 어려워하면 안 된다. 너와 나는 천국에서 만나면 되지 않니?"

리니 데이비스 선교사의 묘비. 호남 지역 7인의 선교사와 함께 1896년 군산으로 내려가 선교를 시작했다. 20년간 병든 아이들과 부인들을 돌보다 열병에 전염되어 1903년 6월 20일 41세의 나이로, 죽음을 맞이했다. 동료 선교사들은 "생명을 바쳐 선교한 여장부" 라며 그녀의 죽음을 애도했다.

"하지만 어머니 병이 더 심해지기라도 하시면…."

"데이비스야, 그 나라에 있는 사람들이 지금 예수님의 이름을 들어 보지도 못한 채 죽어 가고 있다고 하더구나. 다른 누구도 아닌 네가 가서 복음을 전해라. 그리고 우린 천국에서 만나자. 너는 그 땅에 가서 수많은 사람을 전도하고 그 사람들이 예수님을 믿고 너와 함께 천국에 오면 주님은 그것을 더 기뻐 받으실 거야."

리니는 주님께 모든 것을 맡기고 조선으로 향하는 배에 올랐습니다. 그러나 리니 선교사가 한국에 온 지, 9일 만에 어머니가 소천했다는 비보가 날아왔습니다. 데이비스의 마음은 찢어지는 것 같았습니다. 자신의 두 손을 붙잡고 걱정하지 말라고 말씀하셨던 어머니의 마지막 얼굴이 눈에서 떠나지 않았습니다. 그렇다고 다시 태평양을 건너갈 수도 없었습니다.

"어머니, 하늘나라에서 만나요. 저는 이 땅에서 많은 사람들에게 복음을 전하고 그분들과 하늘나라에서 어머니를 뵙겠습니다."

그녀는 어머니의 마지막 유언을 늘 가슴에 새기고 최선을 다해 조선 사람들에게 예수님을 전했습니다. 그리고 전주에 미리 와 있던 헤리슨 선교사와 결혼하여 어린아이와 부녀자들을 찾아다니며 복음을 전했습니다. 리니 선교사를 통해서 수많은 조선 사람들이 하나님께로 돌아왔습니다. 그녀는 1903년, 7명의 선교사 중 가장 먼저 하늘나라로 부르심을 받고 전주 땅에 잠들었습니다.

김 생선, 예수 생선

서울에 도착한 7인의 선교사님들은 호남으로 가기 전에 먼저 조선말을 배우기 시작했습니다. 그러나 문화와 환경이 전혀 다른 나라의 언어를 배운다는 것은 쉬운 일이 아니었습니다.

우리가 영어를 배울 때 Chicken과 Kitchen같은 단어를 혼동하는 것처럼 선교사님들도 우리말을 배울 때 혼동되는 단어가 있었습니다. 그것이 바로 '선생'과 '생선'이었습니다. 많은 선교사들이 언어 선생님에게 '생선님'이라고 부르곤 했습니다.

7인의 선교사들은 어렵사리 언어를 배우고, 선교 실습을 한 후에 꿈에 그리던 호남 탐방을 나섰습니다. 서울에서 전주까지 걸어서 6일이 걸리고, 인천 제물포에서 군산까지 배를 타고 가면 3일이 걸렸습니다. 테이트 선교

테이트 선교사는 전주를 중심으로 익산, 정읍, 부안, 남원 등의 각 지방에서 선교 활동을 했다. 전라노회와 전북노회, 그리고 총회에서도 봉사했으며, 신학교와 성서공회, 예수교서회, 세브란스의학교의 이사로 봉직하면서 선교의 기초를 다졌다. 그러나 1925년 심장병이 악화되어 33년간의 사역을 마지고 미국으로 귀국했고 1929년, 67세를 일기로 소천했다.

사와 전킨 선교사는 1893년 전북 지방을, 1894년 3월 30일에는 다른 선교사들과 함께 전남 지역까지 모두 탐방했습니다.

1894년 테이트 선교사와 메티* 선교사가 전주에 짐을 풀었습니다. 그러나 사람들의 반응은 냉담했습니다. 전주의 양반들과 유생들은 선교사들과는 아예 상종조차 하지 않습니다. 더욱이 이들을 무시하는 것에서 끝나지 않고 선교사들을 죽일 계획까지 세웁니다. 그러니 괜히 섣부르게 보고 덤볐다간 목숨이 달아날 판이었습니다.

어느 날은 밖에 나갔다가 들어온 선교사님의 머리가 터져 피가 흐르고, 눈이 시퍼렇게 멍이 들어 온 적도 있습니다. 유생들이 던진 돌에 제대로 맞은 것이지요. 그런데 때마침 동학*까지 겹쳐 선교사들은 전주에서 철수할 수밖에 없었습니다.

사태가 진정된 후에 다시 모든 선교사들은 전주와 군산에서 사역을 시작했습니다. 마을 주민들의 병을 치료하고 작은 초가집에서 부모 없는 아이나 집에서 돌 볼 수 없는 아이들을 모아 놓고 가르치기 시작했습니다.

비록 겉모습은 초라할지라도 이들은 최선을 다해 교육했고 그 결과 이 학교의 소문이 온 동네에 퍼져 많은 학생들이 왔습니다. 그래서 전주 신흥남학교, 기전여학교가 시작되었습니다.

전위렴, 전킨 선교사

호남 선교사 7인 가운데 전킨 선교사님이 있었습니다. 한국 이름은 '전위렴' 이었습니다. 위렴은 'William' 이라는 영어 이름을 한국식으로 표기한 것입니다. 'Junkin' 의 음을 따서 '전' 씨가 되었던 것입니다.

전킨 선교사는 조선을 위해 자기 몸이 상하는 것도 신경 쓰지 않고 일에 매달렸습니다. 전킨의 건강 상태가 최악으로 치달았습니다. 전킨 선교사를 지켜보던 의료 선교사들은 그의 몸 상태를 보고 강제로 안식년을 보내기로 결정했습니다. 사실 전킨 선교사는 몸도 지쳤지만 그보다 마음이 더 지치고 아팠습니다. 그의 두 아들이 우리나라의 풍토병을 이겨 내지 못하고 목숨을 잃었기 때문이었습니다.

전킨 선교사는 미국으로 안식년을 떠나면서도 틈만 나면 여러 교회를 찾아다니며 많은 그리스도인들에게 조선 선교에 동참해 달라고 부탁했습니다. 그의 열정적인 모습에 많은 사람들이 감명을 받아 선교사로 지원하거나 선교헌금을 약속했습니다.

앉으나 서나 선교에 대

전킨 선교사와 그의 부인의 모습. 전킨은 1893년 9월 전라도를 답사한 후 군산 지역에서 선교를 시작했다. 1904년, 사역지를 전주로 옮긴 뒤 서문교회를 담임하고 예배당을 크게 신축했으며 인근에 교회와 고아원을 설립했다. 1907년 폐렴에 걸린 뒤, 1908년 1월 2일에 43세의 젊은 나이로 호남에 잠들었다.

한 생각으로 똘똘 뭉친 전킨 선교사는 1899년, 안식년을 마치고 다시 조선 땅에 돌아와 사역을 시작했습니다. 의료 선교사들이 전킨 선교사의 건강을 걱정하여 십 리 밖으로 나가지 못하게 하자 그곳에서 전주 서문교회를 건축했습니다.

그는 군산과 전주에서 사역하는 동안 하나님뿐만 아니라 사람에게도 인정받는 선교사였습니다. 열정적으로 사역을 마무리하고 하나님의 부르심을 받았을 때 모든 동료 선교사들이 그의 죽음을 애도했습니다. 그리고 그를 기념하는 마음으로 헌금을 모아 학교 건물을 짓고 그 학교 이름을 '기전'이라고 부르게 되었습니다. '기전'이라는 뜻은 전킨을 기념한다는 뜻이었습니다.

호남의 첫 순교자

전주와 군산에 선교 기지가 세워지고 선교사들이 다니면서 복음을 전한 결과 어느 정도 기반이 잡혀가기 시작했습니다. 사람들의 인식도 처음보다는 많이 좋아졌습니다. 이제 새로운 땅을 바라보고 기도하는데 그곳이 바로 전라남도 지역이었습니다.

1897년 3월, 유진 벨 선교사는 나주 땅을 찾았습니다. 하지만 나주는 전주보다 더하면 더했지 결코 만만한 곳이 아니었습니다. 나주의 유생들은 아예 선교사들이 나주 땅에 발을 들여놓지 못하도록 협박하면서 하는 일마다 방해를 했습니다.

그런 살벌함 속에서 틈틈이 기회만 엿보던 선교사들은, 어느 날 한 농부를 만날 수 있었습니다. 그들은 그 농부에게 손이 발이 되도록 사정을 하고, 어르고 달래서 간신히 초가집 하나를 살 수 있었습니다. 낡고 허름한 초가집이지만 그곳을 기점으로 교회도 세우고 학교도 세울 계획이었습니다. 하지만 그들의 소박한 꿈은 얼마 지나지 않아 물거품이 되어 돌아왔습니다.

외국인 선교사들에게 집을 팔았다는 얘기가 금세 나주 유생들의 귀에 들어갔고, 그 얘기를 들은 유생들은 앞뒤 사정 볼 것 없이 집을 판 농부를 쫓아가 협박했습니다.

"죽을래? 아니면 다시 집 찾아올래?"

순진한 농부는 그 길로 당장 선교사늘을 찾아가 제발 다시 집을 돌려 달라고 사정사정했습니다. 다시 집을 찾아오지 않으면 당장 맞

숭일학교 설립자 유진 벨. 1895년 미국 남장로회 선교사로 한국에 온 그는 나주, 목포, 광주 등 전라도에서 활동하며 많은 학교와 병원, 교회를 세웠다. 그가 1896년에 세운 나주 선교부는 광주, 전남 선교의 시발점이 되기도 했다.

호남 지역에서 유진 벨 선교사와 함께 동역한 오웬 선교사. 1905년 순천 지방에 교회를 세우며 활발하게 선교했다. 그러나 1909년 장흥, 보성 지방 전도 순회 도중 급성 폐렴으로 광주로 후송되었지만 끝내 숨을 거두고 말았다.

아 죽을지도 모를 일이니 어찌하겠습니까? 하는 수 없이 집을 도로 내어 주고 나주 땅에서 실패를 맛보고 말았습니다. 전주에서도 어려웠지만 나주에서의 쓴맛은 선교의 의지를 꺾을 정도로 힘들었습니다. 그러나 하나님은 그들에게 새로운 지역인 목포를 마련해 주셨습니다.

당시 목포가 개항되면서 선교사들은 나주에서 쫓겨나 목포에 주택을 구입하게 되었습니다. 목포에서 유진 벨 선교사 가정이 홀로 힘겨운 싸움을 하는 동안 하나님께서는 오웬 선교사를 동역자로 붙여 주십니다. 1898년 11월에 오웬 선교사 가족이 온 후, 다음 해에는 여 선교사 스트레퍼 선교사가 와서 목포에서도 정명여학교, 영흥남학교가 시작되어 선교에 불이 붙었습니다.

그러나 사역의 열매를 보는 중에 큰 슬픔이 찾아왔습니다. 유진 벨 선교사의 아내인 로티 위더스푼 선교사가 1901년 4월, 병으로 세상을 떠나게 된 것입니다. 당시 호남 지역에는 선교사를 묻을 곳이 없어 위더스푼 선교사는 서울 합정동 선교사의 묘지에 묻혔습니다.

광주를 개척하다

목포에서 사역하던 선교사들은 언제나 내지에 들어가서 사역하기를 기도했습니다. 그러던 중 도청 소재지가 나주에서 광주로 이전하면서 많은 인구가 광주로 옮겨 갔고, 선교사들도 광주로 사역지를 옮겼습니다.

유진 벨 선교사와 오웬 선교사는 몸도 분주하고 마음도 분주했습니다. 처음에는 무엇을 먼저 해야 할지 쉽게 머리에 떠오르지 않았습니다. 하지만 잠

초기 숭일학교 모습(광주시 남구 양림동에 있었음)

시 생각에 젖은 그들의 머릿속에는 하나같이 똑같은 장면이 떠올랐습니다. 바로 나주 유생들에게 등 떠밀려 집도 빼앗기고 쫓겨나던 기억입니다.

"이번에는 나주에서처럼 실패할 수는 없어."

선교사들은 나주에서의 실패를 교훈 삼아 양림리(지금의 양림동) 땅

광주기독병원, 광주나환자요양소 (1912)

을 전부 사들였습니다. 그리고 양림리 땅에 최초로 교회를 세우고, 숭일학교와 수피아여고와 제중원을 세웁니다. 후에 이 병원이 광주기독병원이 됩니다. 양림리에 있는 숭일학교는 이전했지만 수피아여중고, 광주기독병원은 아직도 양림동에 위치하고 있습니다.

복음의 빛이 비치다

"저기 가면 확실히 병이 낫는다며?"

"어디, 어디?"

"왜 서양 사람들 굿하는 데 있잖아. 거기 가 보라고. 다 죽어 가던 김 씨네 아들도 살았다구."

"자네도 그 소문 들었나? 이참에 나도 한 번 서양굿이나 해 볼까?"

7명의 선교사들을 통해 병으로 죽어 가던 사람들이 살아나자 전주 지역에도 소문이 나기 시작했습니다. '예배' 라는 용어를 모르는 사람들은 예배를 '서양굿' 이라 불렀습니다. 양반들은 체면 때문에 직접 찾아가는 대신 선교사들을 집으로 오라고 했습니다.

어느 날 송지동에 있는 한 양반이 밤늦게 선교사를 초대했습니다. 전주 예수병원의 2대 원장으로 있던 포사이드 의료 선교사는 그 양반네 집을 찾아갔습니다. 그는 밤늦게까지 양반을 치료하고는 그곳

186

에서 잠을 잤습니다.

그런데 새벽 4시에 갑자기 남자 괴한들이 들이닥쳐 "군인 내 놓으라" 고 소리치는 것이었습니다. 그러고는 포사이드 선교사님의 머리를 둔기로 내리쳤습니다. 선교사들의 복장을 일본 제복으로 착각했던 것입니다. 포사이드 선교사는 과다 출혈로 쓰러져 세브란스병원에서 치료를 받은 뒤 다시 전주로 내려왔습니다. 그러나 이 사고로 심각한 후유증을 앓게 돼 결국 미국으로 돌아가게 되었습니다.

미국으로 돌아간 포사이드 선교사는 미국 교우들에게 기회가 될 때마다 조선 땅에 당장 천 명의 선교사를 보내야 한다고 말했습니다. 천 명의 선교사가 한국 땅에 갈 수 있도록 백만 달러(지금 돈으로 환산하면 300억 원 정도)의 선교 헌금을 요청했을 뿐만 아니라 많은 선교사들이 조선에 가도록 독려했습니다.

"보의사 선교사님은 언제 다시 오나요?"

포사이드 선교사의 한국 이름이 보의사였습니다. 포사이드 선교사가 미국으로 돌아간 뒤, 전주 사람들은 그를 애타게 기다렸습니다. 포사이드 선교사 역시 정이 많은 전주 사람들이 보고 싶어 1902년 다시 미국 샌프란시스코를 출발해 한 달 동안 배를 타고 우리나라에 왔습니다.

그러나 선교부에서 전북 지역은 어느 정도 안정이 됐으니 전남 지역을 개척하라며 목포 지역 선교사로 발령을 내렸습니다. 이 소식을 들은 전주 사람들은 포사이드 선교사를 전주에 머물게 해 달라며 천

장의 청원서를 제출했습니다. 그만큼 포사이드 선교사는 지역 주민들의 사랑을 받고 있었습니다. 그는 잠시 전주에 머무는 동안 최선을 다해 주민들을 치료하고 복음을 전하다가 선교부의 지시대로 1903년, 목포로 이사했습니다.

어느 날, 포사이드 선교사에게 광주에 있는 오웬 선교사가 위독하니 급히 와달라는 연락을 받았습니다. 그런데 말을 타고 길을 지나가는데 어떤 여인의 신음 소리가 들렸습니다. 가만히 보니 가마니 밑에서 나는 소리였습니다. 가마니를 들추어 보니 한센 병(문둥병) 환자가 신음 소리를 내며 다 죽어 가고 있었습니다. 포사이드 선교사님은 이 죽어 가는 여인을 그냥 지나치지 않고 말에 태워 함께 광주로 갔습니다. 이 여인을 데려온 포사이드 선교사를 오웬 선교사는 다음과 같이 적고 있습니다.

문둥병에 걸려 일그러진 그 여인의 손을 포사이드 선교사는 잡아서 일으켰다. 그녀의 머리는 수 개월, 수 년을 빗지 않았으며, 그녀의 옷은 누더기에다 더러웠다. 손과 발은 부어올랐고, 견딜 수 없는 냄새를 풍겼다. 한 발은 짚신이고 한 발은 종이로 감았다. 여인은 걸을 때에도 심하게 절었다….

당시만 해도 한센병에 걸리면 사람들이 돌을 던지고 피해 다녔습니다. 심지어 가족에게도 쫓겨날 정도로 천벌로 여기던 한센병에 걸린 그 여인을 포사이드는 사랑으로 돌봐주었습니다. 그 광경을 지켜보던 최흥종이라는 사람이 큰 감동을 받고 예수님을 믿게 되었습니다. 그러고는 광주에 있는 자기 땅을 다 내놓으며 한센병 환자들을 돌봐주었습니다. 그렇게 해서 시작된 나환자촌이, 광주에서 여수로 이전을 하게 되는데, 그곳이 바로 손양원* 목사가 담임목사로 있었던 여수 애양원입니다.

복음에 대한 포사이드 선교사의 열정은 정말 대단했습니다. 그는 거리에서, 어선에서, 여객선에서 아침부터 밤늦게까지 복음을 전했습니다. 주일 예배를 드릴 때에는 길에서 아무나 데려다가 목포양동교회의 빈자리를 가득 채울 정도였습니다.

그러다 1911년 4월 영양흡수 부전의 만성 질환인 스푸르 병 때문에 다시 미국으로 호송됐습니다. 미국에 있는 7년 동안 그는 전 세계의 고통 받는 사람들을 위해 기도했습니다. 그리고 자신의 건강이 조금이라도 회복되면 미국 남부 지역을 순회하며 선교사를 모집했습니다.

"앞으로 아시아를 책임질 민족은 한국이며, 한국이 아시아 선교의 중심이 될 것입니다. 그러기 위해서는 1000명의 선교사와 100만 달러

● ● ●
손양원 (1902-1950) 장로교 목사로 소록도의 나병 환자들 수용소인 애양원 교회에서 나환자들에 대한 구호사업과 전도활동을 했다. 자신의 두 아들을 죽인 원수를 양자로 삼음으로써 세상을 감복시킨 손양원 목사는, 1950년 9월 13일 공산군에게 체포 되어 1950년 9월 28일 총살당했다.

호남신대 초기 전경

의 선교 비용이 필요합니다."

　그 열매로 크레인 남매가 선교사로 찾아오게 되고, 서서히 복음의
빛이 호남 전역으로 퍼지게 됩니다.

선교사 자녀를 살려주세요!

호남 지역 선교사들 사이에 비상이 걸렸습니다. 장마철이 되면서 전염병이 돌아 순천에 있던 코잇(Coit) 선교사의 자녀들이 이질로 하룻밤 사이에 목숨을 잃은 것입니다.

서울에서도 장마철이 되면 청계천이 넘쳐서 쓰레기들이 온 장안을 돌아다녔고 장마가 끝나면 어김없이 전염병이 돌았습니다. 특히나 선교사의 자녀들은 면역성이 약해 풍토병으로 목숨을 잃는 경우가 허다했습니다. 더 이상 풍토병으로 자녀들을 잃을 수 없다고 판단한 전남 지역 선교사들은 고심 끝에 한 가지 방안을 마련합니다.

바로 장마가 지나갈 동안 피해 있는 것입니다. 그렇다고 한 달씩이나 걸려 태평양을 건너 미국에 갈 수도 없는 노릇이었습니다. 그래서 선교사들이 찾아낸 곳이 마을에서 멀리 떨어진 지리산의 심산 유곡이었습니다. 그곳에 휴양지를 마련하고 장마철이 되면 선교사만 사역지에 남고 선교사의 가족들은 지리산으로 올라가 그곳에서 예배를 드리며 장마가 끝나기를 기다렸습니다.

이렇듯 목숨을 걸고 귀한 사역을 감당한 사람들이 있었기 때문에 지역마다 복음의 장이 열리게 되었습니다.

07

맹인이 보며 못 걷는 자가 걸으며 나병 환자가 깨끗함을 받으며 못 듣는 자가
들으며 죽은 자가 살아나며 가난한 자에게 복음이 전파된다 하라_마태복음 11:5

ADAMS MEMORIAL HALL
NANCY HAMILTON ADAMS

태어나는 · 사람들

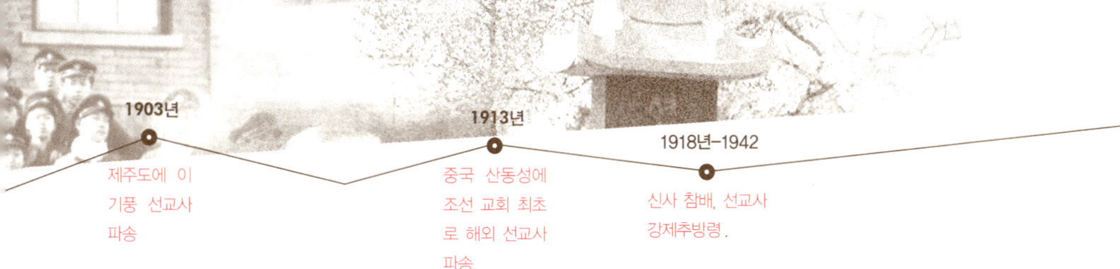

천 년도 훨씬 전인 삼국 시대부터 조금씩 비추인 복음의 여명이 조선 시대를 거치며 값진 희생과 눈물의 헌신을 낳았습니다. 복음의 문이 어느 순간 열리는가 싶더니 다시 굳게 닫히고, 받아들이는가 싶다가도 배척하기를 반복합니다.

우리 민족을 향한 부르심에 순종한 선교사들, 그분들이 아낌없이 자신의 삶을 드렸기에, 크리스천들의 끊임없는 기도가 있었기에, 우리나라는 생명의 빛을 향하여 민족의 가슴을 활짝 열 수 있었습니다.

가만히 한 곳에 묶어 놓을 수 없었던 그 빛은 조금씩 조금씩 이 땅을 향해 전진했습니다. 그리고 그 빛은 한 사람의 인생을 바꾸어 놓았고, 한 민족, 한 나라를 바꾸어 놓았습니다.

우리도 이제 예수 믿는 민족이 되었습니다. 순교의 피를 값지게 생각하는 민족이 되었습니다. 세계를 향해 당당히 그 빛을 가지고 나아갈 수 있는 민족이 된 것입니다.

이기풍과 사무엘 모펫

"기풍아, 기풍아, 너는 왜 나를 핍박하느냐? 너는 나의 복음의 증인이 될 사람이다."

'아니 이게 도대체 어디서 들려오는 소리란 말인가?'

아무리 요즘 이상한 일이 많이 일어나도 그렇지, 난데없이 이런 꿈을 꾸다니 이기풍은 너무 놀라 잠에서 깼습니다. 그러나 도저히 정신을 차릴 수가 없었습니다. 자기가 꿈에서 본 사람이 분명 '예수'라는 사람인 것 같기는 한데, 야소교(예수교의 음역어) 사람들이라면 치를 떨며 싫어했던 그였습니다. 노란 코쟁이 선교사들을 골탕 먹이기 일쑤인 자신에게, 아무리 꿈이라지만 느닷없이 나타나 왜 핍박하느냐고 물으니 도대체 어찌 해야 할지 몰랐습니다.

이기풍*은 1865년 12월 23일 평양에서 태어났습니다. 가난한 농

민의 아들로 태어난 그는 어려서부터 돈 많은 사람, 높은 벼슬을 가진 사람들을 벌레 보듯 싫어했습니다. 어린 시절에 형성된 이러한 그의 성품은 골목대장 시절을 거쳐 평양에서 포행자로 소문이 자자할 정도였습니다.

어느 날인가는 평양 좌수사 행렬의 행차를 목격하게 되었습니다. 감투를 쓴 높은 사람들이 대부분 그렇듯이, 좌수사의 거들먹거리는 행동과 거만한 행렬을 본 이기풍은 울화가 치밀어 가만히 있을 수 없었습니다. 이기풍은 당장 지나가는 행렬로 달려들어 좌수사의 멱살을 잡고 땅바닥에 내동댕이쳤습니다.

이렇게 때와 장소를 가리지 않는 무모함 덕분에 그는 체포되어 형틀을 목에 메고 한동안 고생하기도 했습니다. 기득권층에 대한 반발심을 표출할 길이 없어 그렇게 주먹을 휘두르고 다녔지만 여섯 살에 이미 사서오경을 줄줄 외웠고 열두 살에는 백일장에 나가서 장원을 차지할 정도로 학문에 두각을 나타낸 그였습니다.

그날도 여느 때와 다름없이 패거리를 잔뜩 이끌고 평양 시내 한복판을 활보하던 이기풍의 귀에 이상한 소리가 들렸습니다.

"예수 믿으세요. 죄를 회개하고 예수 믿으세요."

이상한 발음으로 외치는 그 소리에 이기풍의 신경은 바짝 곤두섰습니다. 가뜩이나 나쁜 서양 놈들이 순진한 조선 사람들을 꼬득여서 나라를 통째로 집어삼킨다고 생각하고 있던 참에, 마침 서양 선교사한 명이 그의 비위를 건드렸던 것입니다. 설상가상으로 회개하지 않으면 지옥에 간다고 하니 이기풍이 보기에는 협박이나 다름없었습니다.

군중 속에 있는 마포삼열, 모펫의 모습. (1864-1939) 미국의 선교사로 평양 장로회신학교를 설립하고, 초대 교장에 취임, 근대교육에 힘을 쏟았다. 평안도에 많은 학교와 교회를 설립했으며 미국의 장로회 본부에 일제의 만행을 보고하여 국제 여론을 환기시키는 데 힘썼다.

"이놈, 오늘 내가 따끔한 맛을 보여 주겠다."

이기풍은 가만히 지켜보는 척하다가 그 선교사를 향해 큰 돌멩이 하나를 집어던졌습니다. 평양의 유명한 깡패답게 그 돌은 정통으로 선교사의 턱을 명중해 피투성이로 만들었습니다. 그는 길모퉁이에 쓰러진 선교사를 보고 깔깔거렸습니다.

"이놈, 꼴 좋다. 다시는 그런 소리 하기만 해 봐라. 지금은 내가 턱만 부서뜨렸지만, 그때는 네 목숨을 보전하기 힘들 것이다."

그러고는 유유히 사라졌습니다. 피를 흘리며 고통스럽게 땅에 쓰러져 있는 선교사는 다름 아닌 사무엘 모펫이었습니다. 돌팔매로 턱이 으스러진 모펫과 이기풍, 앞으로의 질긴 인연을 그때는 알지 못했을 것입니다.

196

동갑내기 선교사

사무엘 모펫 선교사의 한국 이름은 마포삼열이었습니다. 이기풍과 스물아홉 동갑내기였지요. 그는 핍박과 역경에도 22명에게 학습을 베풀고 7명에게 세례를 베풀었습니다. 그리고 곧 교회 건축도 착수했습니다.

그 소식은 곧장 이기풍의 귀에 들어갔습니다. 호시탐탐 그들을 괴롭힐 명분이 없나 기다리던 찰나에, 이 좋은 기회를 놓칠 리가 없었습니다. 그래서 이기풍은 자기 수하에 있는 깡패들을 모두 데리고 교회 건축 현장으로 쳐들어갔습니다. 보이는 것마다 모조리 때려 부수고, 닥치는 대로 짓밟았습니다. 건축 현장은 순식간에 폐허가 되었고, 이에 분개한 교인들은 이들과 맞서 싸우려고 했습니다. 하지만 모펫은 교인들을 달래며 말렸습니다. 그리고 깡패들의 행각을 용서했습니다. 이 소문은 순식간에 평양 성 전체에 퍼졌습니다.

이기풍 또한 갖은 성질을 다 부려 놓고 집에 돌아와서는 왠지 마음이 찜찜했습니다. 그날은 어쩐지 잠을 청해도 잠이 오지 않아 밤새 뒤척이다 새벽녘이 되어서야 간신히 잠이 들었습니다. 그런데 꿈에 '예수'라는 분이 나타난 것입니다. 꿈에서 깬 이기풍은 도대체 무슨 일인지 몰라 어리둥절했지만 애써 외면했습니다.

그러던 이기풍이 드디어 항복하게 된 일이 발생했습니다. 당시는 청일전쟁으로 나라가 어수선하여 모두가 원산으로 피신하고 있을 때였습니다. 그때 이기풍 앞에 서양 사람 한 명이 나타났습니다. 그는 스왈른 선교사였습니다.

그는 이기풍의 명성을 듣지도 못했는지, 또 얼마나 험악한 꼴을 당할지 알지도 못한 채 이기풍의 면전에 대고 크게 소리쳤습니다.

"죄를 회개하고 예수를 믿으십시오!"

평소 같았으면 강철 같은 주먹을 불끈 쥐고 코쟁이들의 코를 납작하게 만들어 주었을 이기풍이, 어쩐 일인지 그날은 사자 앞에 고양이처럼 꼼짝할 수 없었습니다. 마치 그의 귀에는 하늘로부터 강하게 내려오는 우렛소리처럼 들렸기 때문입니다. 이기풍의 의기양양했던 기세는 그렇게 단숨에 꺾이고 말았습니다. 그는 그 자리에서 스왈른 선교사 앞에 무릎을 꿇고 죄를 회개하고 예수를 믿겠다고 고백했습니다.

그러나 예수를 영접한 이기풍에게 아직 풀지 못한 숙제가 하나 남아 있었습니다. 바로 돌을 집어던져 턱을 부수고, 교회 건축 현장을 아수라장으로 만들어 힘들게 했던 모펫 선교사였습니다. 그 길로 곧장 모펫을 찾아간 이기풍은 무릎을 꿇고 용서를 구했습니다.

하지만 더 당황한 것은 모펫이었습니다. 불과 얼마 전까지만 해도 살기를 내뿜으며 기세등등하게 다니던 평양 깡패 이기풍이 지금 자신 앞에 무릎을 꿇었으니까요. 이 믿지 못할 일은 단 한 분, 하나님밖에 하실 수 있는 일이었습니다. 모펫은 그 자리에서 이기풍과 함께 부둥켜안고 뜨거운 눈물을 흘리며 하나님께 감사의 기도를 드렸습니다.

이제 이기풍의 삶은 평양 제 1의 깡패에서 평양 제 1의 전도자로 180도 변신했습니다. 그는 동이 트기만 하면 밖으로 나가 평양 시내를 누비며 전도했습니다.

그 소문은 역시나 평양의 유명인사답게 평양 시내를 후끈 달아오르게 했습니다. 어떤 사람들은 서양 귀신에 미쳤다고 그를 조롱했지만 다른 사람들의 이목 따위에 마음이 흔들릴 그가 아니었습니다.

복음에 빚진 자

그는 1903년 평양신학교에 입학하여 평양신학교 제 1회 졸업생이 되었고, 1907년에는 그가 이전에 난리를 치고 부수었던 장대현교회에서 목사 안수를 받았습니다.

하나님의 계획은 정말 놀랍습니다. 하나님은 핍박하던 자를 통해 핍박받는 사람들을 구원하시고, 억누르던 자를 통해 억눌린 자들을 일으키시는 분이셨습니다.

1907년 평양신학교 제 1회 졸업생이 배출되던 해, 독노회가 구성되었습니다. 지금은 독노회라는 말 대신 총회라고 하는데 총회는 노회가 여러 개 모여서 되는 것입니다. 그 당시에는 노회가 하나밖에 없어 독노회라고 불렀습니다.

독노회에서는 평양신학교 제1회 졸업생 7명이 배출되었습니다. 영광의 인물들은 서경조*, 길선주*, 방기창*, 양전백*, 한석진, 송린서, 이기풍이었습니다. 독노회에서는 그 중 한 명을 제주도에 선교사로 보내기로 결정했습니다.

지금도 제주는 멀지만 그때 당시는 말도 다르고 풍속도 완전히 달라서 다른 나라나 마찬가지였습니다. 그런 곳에 가겠다고 나서는 것은 결코 쉬운 일이 아니었습니다. 7명의 목사 중에서도 선뜻 나서는 분이 없었습니다. 이기풍 목사는 생각했습니다.

'마포삼열 선교사나 스왈른 선교사가 이 땅에 오지 않았더라면 내가 어떻게 예수를 믿을 수 있었을까? 선교사들은 말도 통하지도 않는 나라에 태평양을 한 달여 건너서 목숨을 걸고 왔는데….'

이기풍 선교사가 개인적으로 좋아하는 성경구절이 있었습니다.

"예수께서 요한이 잡혔음을 들으시고 갈릴리로 물러가셨다가 나사렛을 떠나 스불론과 납달리 지경 해변에 있는 가버나움에 가서 사시니 이는 선지자 이사야를 통하여 하신 말씀을 이루려 하심이라 일렀으되 스불론 땅과 납달리 땅과 요단 강 저편 해변 길과 이방의 갈릴리여 흑암에 앉은 백성이 큰 빛을 보았고 사망의 땅과 그늘에 앉은 자들에게 빛이 비치었도다 하였느니라" (마태복음 4:12-16)

제주도가 어려운 지역인지는 알지만 그는 복음에 '빚진 자'로서 은혜를 갚지 않을 수 없었습니다. 결국 이기풍은 제주 선교를 결정 했습니다. 떠나려고 준비하는 동안 마음이 약해져 주저하기도 했지 만 이기풍 곁에는 그보다 더 강한 아내 윤함애 사모가 든든히 버티 고 있었습니다.

숭의여학교 제1회 졸업생으로 당시 최고 엘리트였던 그녀는 모펫 의 중매로 이기풍과 결혼을 하고 늘 남편을 위해서 기도하는 이기풍 의 든든한 후원자였습니다. 불안해하는 남편에게 윤함애 사모는 이 렇게 이야기합니다.

"여보, 우리가 안 가면 누가 그 불쌍한 영혼들을 구하겠어요? 주저 하지 말고 속히 떠납시다."

당찬 목소리로 이기풍의 마음을 붙잡아 준 아내와 함께 1908년 이 기풍은 평양을 떠나 제주도로 향했습니다. 갓난아기를 등에 업고 괴 나리봇짐을 머리에 이고 배를 타러 가는 두 사람을 배웅 나온 교인 들은 그저 말없이 눈물만 주르륵 흘렸습니다. 영광스런 일을 하러 가는 것은 알지만, 인간된 마음에 고생길이 훤한 그 길을 감히 영광 된 길이라 말할 수 없었기 때문입니다. 그저 말없이 보내 줄 수밖에 없었습니다.

이기풍은 그렇게 힘든 결정을 하고 제주도로 출발했습니다. 작은 목선을 타고 인천 항을 떠나 간신히 군산 항을 거쳐 목포에 도착했 습니다. 그런데 갑자기 거센 풍랑이 몰아쳤습니다. 이기풍은 그곳에 아내와 자식을 남겨두고 혼자서 떠났습니다.

홀홀단신으로 배에 탔지만 폭풍 때문에 배는 난파되었고, 많은 사람들이 물에 빠져 죽었습니다. 간신히 헤엄쳐 추자도에 도착한 이기풍은 다시 어렵게 제주도로 갔습니다. 제주도를 향한 이기풍의 뜨거운 마음이 수많은 난관을 이길 수 있게 했습니다.

설러버려 설러버려 야가기 끊어지갠

제주도에 처음 도착했을 때 그가 가진 것이라곤 지칠 대로 지친 몸뿐이었습니다. 말도 제대로 통하지 않았고, 철저하게 미신을 숭배하는 제주도 사람들에게는 이기풍이 전하는 복음이 오히려 미신이었습니다.

길을 가는 사람에게 말이라도 붙여 볼라치면 도망가기 일쑤고, 어쩌다 친절한 사람을 만나서 예수 이름을 꺼내기라도 하면 크게 겁을 먹고 "설러버려 설러버려 야가기 끊어지갠!" 하고 외치는 것이었습니다. 나중에 알고 보니 "그만 두어라 그만 두어라 내 목이 달아난다!" 라는 뜻이었습니다. 대원군의 천주교 박해 정책으로 '예수' 라는 단어가 금기시되었는데 그것이 멀리 있는 제주도까지 영향을 미쳤던 것입니다.

당연히 잠잘 곳도 없고, 먹을 것도 없었습니다. 때로는 산기슭에서, 때로는 바닷가에서, 때로는 마구간에 쓰러져 정신을 잃기도 했

습니다. 이래 뵈도 제대로 공부를 마쳤고, 평양에 있을 때는 먹고 사는 데 불편함이 없었는데, 제주도에서의 삶은 정말로 힘들었습니다. 자신이 사람같이 느껴지지 않을 정도였습니다. 삶에 회의가 느껴지고, 왜 자신이 제주도에 오겠다고 했는지 후회되었습니다.

'꼭 이곳에서 복음을 전할 필요는 없잖아. 평양으로 돌아가자. 그곳에서 열심히 전하면 되지 뭐.'

너무 힘들어 자기 합리화를 시킨 이기풍은 자신이 지금 얼마나 고생을 하고 있는지와 곧 제주도를 떠날 것이라는 내용을 소상히 적어 평양에 있는 모펫에게 알렸습니다. 삶이 찌들 대로 찌들고, 사람 대접도 못 받는 이 지긋지긋한 곳을 떠나 평양으로 돌아갈 날만을 기다리고 있는 이기풍에게 모펫의 답장이 도착했습니다.

이기풍 목사, 편지는 잘 받았습니다. 제주도 선교가 그렇게 어렵다니 참으로 안타까운 일입니다. 그런데 당신 혹시 기억하고 있소? 당신이 예전에 내가 전도하고 있을 때 던진 돌로 인한 상처가 아직도 내 눈에 선명하게 보이고 있소. 이것을 생각하고 이 상처가 없어질 때까지 더욱 분투하시오.

이 편지를 받은 이기풍은 그 자리에 엎드려 대성통곡했습니다. 제주도를 떠날 수 없어서가 아닙니다. 지금 자신이 당하고 있는 고난이 바로 이전에 자신이 저질렀던 것과 별반 다를 것이 없었기 때문입니다. 그리스도의 이름을 전하는 사람들을 핍박하고 그들을 향해 욕하고 저주한 그였습니다. 그 자리에서 그는 뜨거운 눈물로 회개했습니다.

사도 바울의 고백처럼 ‘죄인 중의 괴수’ 는 다름 아닌 바로 자신이었습니다. 그런 그가 이렇게 영광스런 일을 할 수 있게 된 것만으로도 감사했습니다. 비록 몸은 고통스럽고 힘들었지만 기쁨이 넘쳤고, 마음 깊은 곳으로 감사함이 끊이지 않았습니다. 그런 그에게 드디어 제대로 복음을 전할 기회가 찾아왔습니다.

어느 날이었습니다. 며칠째 음식 하나 먹지 못하고, 간신히 비바람만 피해 잠을 자던 이기풍은 그만 해변가에 쓰러지고 말았습니다. 한 해녀가 다 죽어 가는 이기풍을 자기 집으로 데려가 자리에 눕혔습니다. 그녀는 없는 살림이었지만 죽어 가는 사람을 살리고자 이것저것 먹이고, 정성스레 보살펴 주었습니다.

이기풍은 서서히 정신을 차렸습니다. 그리고 그곳에 머무는 동안 필사적으로 복음을 전했습니다. 이기풍은 처음으로 사람과 대화할 수 있는 기회를 주신 하나님께 너무나 감사했습니다. 하나님은 그 해녀의 마음을 움직이셔서, 복음을 받아들이게 했습니다.

이제 그가 의지하는 분은 하나님 한 분밖에 없었습니다. 하나님은 이런 어려움들을 통해 다른 어떤 것이 아닌 오직 하나님만을 의지하도록 훈련시키셨습니다. 당장 눈앞에 보이는 것, 모두 당연하게 생각하는 조건들이 아닌 오로지 하나님 한 분만을 의지하는 방법을 이

204

기풍은 점차 깨닫기 시작했던 것입니다.

그렇게 시작한 이기풍의 제주도 선교는 눈코뜰새 없이 바쁠 지경에 이르렀습니다. 그는 수시로 조랑말을 타고 제주도를 돌아다니며 전도했습니다. 또한 항상 바지저고리를 가지고 다니면서 밭농사를 하는 남자들을 도와주었습니다. 목숨을 아끼지 않고 죽어가는 사람들을 구했고, 자신은 굶을지언정 가난한 사람들과 천대받는 사람들에게 먹을 것을 나누어 주었습니다.

이기풍이 사랑으로 모든 사람들을 대하니, 그동안 굳게 닫혀 있던 제주도 사람들의 마음이 하나둘 열리기 시작했습니다. 그의 집은 아침에는 거지 떼로 득실거리고, 낮에는 나병 환자들로 가득 찼습니다. 그는 대가를 바라지 않고 그들을 사랑했습니다.

온갖 핍박과 방해 공작 속에서 이기풍은 제주 성안교회를 비롯하여 금성, 삼양, 성읍, 조춘, 모슬포, 한림, 용수, 협제, 내도, 세화 등 30여 개의 교회를 개척했습니다.

목숨 바쳐 제주도의 복음화를 위해 애쓰던 이기풍은 1918년 전라노회의 부름을 받고 광주에 있는 북문안교회 초대 목사로 부임합니다. 제주도에 비해 여건은 좀 나을지 몰라도 이곳 또한 평양 출신인 그에게는 낯선 곳이었습니다. 하지만 그는 제주도에서 복음을 위해 사력을 다했던 것처럼 전심전력을 다했습니다.

그리고 1923년에는 다시 전남 순천교회 목사로 청빙을 받아 부임했고, 1924년에는 고흥교회로 전임되었습니다. 그러다가 다시 1927

년 제주 성내교회 위임 목사로 청빙되어 재차 부임했고 1933년에는 전남 벌교교회로, 1934년에는 칠순 노구의 몸으로 아무도 가기 싫어하는 산간 벽지인 여수군 남면 우학리라는 작은 섬에 들어가 복음을 전했습니다.

그런데 1936년을 기점으로 일제는 신사 참배*를 강요했습니다. 이기풍 선교사는 이전에도 민족적인 색채를 띤다는 이유로 심한 박해와 시련을 겪었고, 가는 곳마다 핍박을 받았지만 그때마다 과감히 이에 대항해서 교회를 굳건히 지켰습니다. 하지만 이번에는 단순히 꼬투리를 잡아서 핍박하는 것이 아니라 신사 참배를 요구하는 것이었습니다. 이것은 하나님을 섬기는 이기풍에게는 도저히 있을 수 없는 일이었습니다. 그래서 정면으로 맞서 싸웁니다.

일제는 1938년 이기풍에게 '미제의 스파이'라는 죄목으로 순천 노회 산하 오석주, 나덕환, 김상두, 김순배 목사 등과 함께 체포 명령을 내렸습니다. 젊은 사람도 견디기 힘든 고문을 일흔이 넘은 나이에 당해야 했던 이기풍은 광주 형무소로 압송되기 전에 그만 쓰러졌습니다. 다행히 병보석으로 출감하게 되었지만 이미 심한 취조와 고문으로 인해 상할 대로 상한 그의 몸은 회복이 힘든 상황이었습니다. 결국 1942년 6월 20일 77세의 일기로, 그는 자신이 마지막으로 복음을 전했던 우학리교회에서 주님의 부르심을 받았습니다.

예수 그리스도 때문에 한 사람의 생애가 완전히 바뀌었습니다. 술

과 주먹이 세상의 전부인 줄 알고 살았던 한 사람이, 그의 삶을 다 걸어도 아깝지 않은 복음을 만났습니다. 그리고 그의 삶과 가치관이 통째로 바뀌었습니다. 처음엔 보잘것없는 '그저 그런 사람'이었지만, 복음으로 그의 생애와 운명이 완전히 바뀌어 '특별한 한 사람'이 되었습니다. 그리고 그 복음은 그를 통하여 이 민족의 운명과 이 나라 전체의 운명을 완전히 바꾸어 놓았습니다.

열방으로 향하는 조선 선교사

이기풍 선교사를 비롯해 조선 사람들의 삶을 바꾸어 놓은 복음, 이 복음은 조선에 머물러 있지 않습니다. 복음을 들고 조선을 찾아왔던 이들의 아름다운 발걸음처럼 조선인들도 복음을 들고 열방으로 나아가기 시작한 것입니다.

1913년, 그동안 하나님이 함께한 조선 교회는 독노회가 구성되면서 이기풍 선교사를 제주도로 파송했고 총회가 구성되던 해, 드디어 해외에 선교사를 파송하기로 결정했습니다.

한국 교회가 최초로 선교사를 파송한 곳, 한국 교회가 처음으로 가슴에 품은 곳은 중국의 산동성(山東省)이었습니다. 중국 문화의 발생지로 공자와 맹자의 출생지이며 이미 수많은 외국 선교사들이 찾아갔지만 열매가 없었던 곳이었습니다. 그만큼 어려운 지역이었습니다.

한국 교회는 1913년 중국 산동성에 박태로, 김영훈, 사병순 선교사를 파송했습니다. 그 후에도 몇 명의 선교사를 파송했습니다. 중국 사람들은 한문을 자유롭게 읽고 쓰는 우리 선교사들을 보고 놀라기도 하고 신기하게 생각했습니다. 우리나라 선교사들은 서양 선교사에 비해 언어나 문화의 장벽이 높지 않아 그만큼 가까이 갈 수 있었습니다.

1917년 9월 1일, 6차 총회에서는 방효원 선교사와 홍승한 선교사를 파송했고, 1931년 여전도회에서는 우리나라 최초 여성 선교사로 김순호 선교사를 파송했습니다. 그리고 1937년 5월 7일에는 방지일* 선교사를 파송했습니다. 방지일 선교사는 방효원* 선교사의 아들로 중국에 마지막까지 남아 있던 유일한 한국 선교사였습니다.

방지일 선교사가 한참 중국에서 선교하고 있을 때, 중국이 공산화 되면서 5천 명 이상의 선교사들이 추방당했습니다. 중국에 홀로 남아 사역하던 방지일 선교사에게 인민재판에서는 스파이라는 죄목을 씌우고, 선교의 목적보다는 자본주의의 앞잡이로 중국에 들어왔다는 이유를 대며 처형하기로 결정했습니다.

그들은 죽창을 들고 몰려왔습니다. 인민들은 방지일 선교사를 둘러서서 죽여 마땅하다고 고함을 질렀습니다. 그때 유웬중이라는 중

208

국의 전도사가 소리쳤습니다.

"이분을 죽이려면 나도 함께 죽여주시오."

그는 방지일 선교사를 통해 예수님을 믿었던 분이었습니다.

"중태에 빠져 죽어 가는 사람이 피가 없어서 수술을 못하고 발을 동동 구르고 있었습니다. 그때, 방지일 목사님께서 수혈해 주셨습니다. 의사는 몸무게가 50kg 미만은 수혈할 수 없다고 했는데, 방 목사님은 먼저 사람부터 살려야 한다며 수혈해 주셨습니다. 이런 분에게 어떻게 우리가 그 은혜도 모르고 죽일 수 있겠습니까?"

더 이상 인민재판은 진행될 수 없었습니다. 간신히 목숨을 건진 방지일 선교사님은 홍콩으로 추방당한 후 우리나라에 돌아올 수 있었습니다.

지금도 방지일 목사님은 90이 넘은 연세에도 국내는 물론 해외에도 무시로 다니시며 복음을 전하고 계십니다. 얼마 전, 호주 시드니에서 강의를 마치고 한국으로 돌아가는 길에, 집회를 하러 오신 방지일 목사님을 공항에서 만났습니다. 방 목사님의 짐을 차에 옮겨 드리면서 이런저런 이야기를 하는데, 가족 이야기를 하면서 한바탕 웃었던 기억이 납니다.

최초의 여성 의사, 최고의 여성 의사

실로 눈이 휘둥그레질 정도로 대단한 일이었습니다. 말로만 듣던 서양 의술을 직접 눈으로 보는 순간, 의사라는 사람은 모두 위대해 보였습니다. 침을 놓지도 않고 뜸을 뜨지도 않았는데, 그리고 한약을 달여 먹은 것도 아닌데 엊그제만 해도 입술 한쪽이 삐뚤어져 동네 아이들의 단골 놀림감이었던 언청이가 정상인과 똑같아진 것입니다.

로제타 선교사의 수술 광경을 지켜 본 이 소녀는 의사가 되겠다는 꿈을 꾸었습니다. 이 소녀의 이름은 김점동이었습니다.

1877년 서울 정동에서 태어난 그녀는 아버지 김홍택이 선교사들을 도와주는 일을 한 덕분에 스크렌턴이 창설한 이화학당에서 공부할 수 있었습니다. 그곳에서 어깨 너머로 배운 영어 실력이 상당한 그녀는 평양에서 로제타를 통역해 주고, 병원에서 여러 가지 일을 도왔습니다. 특히 로제타가 병원 일로 바빠 아이들을 돌볼 수 없을 때에 김점동은 셔우드 홀과 에디스를 돌봐주었습니다. 그래서 셔우드 홀은 늘 그녀를 "이모, 이모" 하며 따라다니곤 했습니다.

여성의 사회 진출은커녕 제대로 교육을 받기도 어려웠던 당시 사회에서 김점동은 정식 학교도 다닐 수 있었고, 게다가 영어도 잘해서 선교사들의 관심을 받고 있었습니다.

로제타는 김점동을 유학 보내 의사를 만들어야겠다고 생각했습니다. 그런데 어린 소녀 혼자 가는 것보다 결혼하여 남편과 함께 가는 것이 좋을 것 같아 김점동에게 성실하고 착하기로 소문난 박유산이란 총각을 소개했습니다. 그런데 문제는 박유산의 신분이 김점동보다 낮다는 것이었습니다. 하지만 김점동은 로제타에게 이렇게 말합니다.

"저는 부자이거나 가난하거나 지체가 높거나 낮거나 개의치 않습니다. 제가 예수를 믿지 않는 사람과 결혼하지 않으리라는 것은 선교사님이 더 잘 아시지 않습니까?"

그래서 그 둘은 1893년 5월 24일 정동교회에서 결혼식을 올립니다. 이것은 항상 앞마당에서 신랑신부가 맞절하던 우리네 전통 혼례가 아닌 교회에서 치른 첫 번째 결혼식이었습니다.

그로부터 2년 뒤 꿈에 그리던 미국 유학길에 오릅니다. 미국에 도착한 그녀는 몇 달간 뉴욕 리버티에서 영어를 집중적으로 공부하고, 그해 9월부터 1년 동안 간호학교를 다닙니다. 그리고 1896년 10월 1일 볼티모어여자의과대학(현재는 존스홉킨스의과대학)에 입학합니다. 이곳에서 그녀는 조선에서는 듣도 보도 못한 여러 학문들을 공부할 수 있었습니다. 그리고 마침내 1900년 5월 15일, 조선인 최초의 여의사 박에스더가 탄생합니다. 영어 이름인 에스더와 남편의 성을 따라 박에스더*라고 부르게 된 것이죠.

그러나 안타깝게도 남편 박유산은 리버티 농장에서 막노동을 하며 아내의 의과대학 공부를 뒷바라지하다 1899년 폐결핵으로 죽고 말았습니다.

의사가 되어 조선에 돌아온 박에스더는 평양 기홀병원에서 로제

타와 함께 사역을 시작합니다. 박에스더는 로제타를 도와 맹아학교
와 간호학교 설립에 기여했을 뿐만 아니라 평안도와 황해도 일대를
순회하며 무료 진료를 했습니다.

그녀의 살신성인의 노력은 고종 황제의 귀까지 들어가게 되었고
그 공로를 인정받아 은메달을 받기도 했습니다. 얼마나 열심히 환자
들을 돌보았으면 귀국해서 10년 동안 돌본 환자의 수가 3천 여 명이
넘을 정도였습니다. 그것이 자신을 의사로 만드신 하나님의 계획에
순종하는 것이라고 생각했기 때문입니다. 환자들을 위해서 밤낮 가
리지 않고 바쁘게 뛰어다니던 그녀는 1910년 4월 13일 남편과 마찬
가지로 폐결핵으로 세상을 떠났습니다.

조선 최초의 여의사 박에스더, 그녀는 그 당시 사회에서 여자로서
할 수 없는 수많은 일들을 해냈고 명예를 얻기도 했습니다. 그러나
그녀는 그 모든 것을 자신의 자랑거리가 아닌 하나님의 자랑거리로
생각했습니다. 부와 명예를 좇지 않고 한 사람의 목숨을 더 귀하게
여겼던 그녀는 최초의 여자 의사였을 뿐 아니라 최고의 여자 의사였
습니다.

셔우드 홀의 크리스마스 씰

박에스더의 죽음을 지켜본 많은 사람들은 그녀의 죽음이 결코 헛
되지 않음을 알면서도 마음이 아팠습니다. 셔우드 홀은 특히나 그녀

의 죽음을 받아들이기가 너무 힘이 들었습니다. 어려서부터 "이모, 이모" 하며 따라다녔고, 박에스더 또한 어린 셔우드 홀을 극진히 대해 주었기에, 이 둘 사이는 피 한 방울 섞이지 않았지만 부모 자식과 같았습니다.

십대 소년, 셔우드 홀은 박에스더의 죽음을 보고 결심합니다.

"하나님, 우리 이모를 데려간 결핵을 이 땅에서 다 퇴치할 겁니다. 저는 아버지와 어머니의 뒤를 이어 의사가 될 뿐만 아니라 결핵 퇴치를 위해 공부하겠습니다."

셔우드 홀은 한국에서 태어나 한국에서 자랐습니다. 그의 가슴엔 한국이 담겨 있고, 그의 생각은 한국 사랑으로 가득 차 있습니다. 그런 그에게 박에스더의 죽음은 자신이 앞으로 어떻게 살아가야 하는지를 생각해 보게 하는 전환점이 되었습니다.

아무리 높은 이상과 동기라도 그것을 실행에 옮기는 영적 힘이 없다면 그것만으로는 부족하다. 기도하라. 그것은 기도함으로써만 이루어진다.

셔우드 홀은 어린시절 원산에서 들었던 하디 선교사의 말씀을 늘 마음에 새겼습니다. 그러고는 기도하며 자기의 이상을 실현시키기 위해 노력합니다. 미국으로 건너가서 토론토의대를 졸업하고 의사가 되어 결핵을 집중적으로 연구합니다. 학비가 모자라 어려움을 당할 때면 조선 복장을 하고 교회에 가서 조선에 대한 이야기를 들려

주었습니다. 그리고 조선에 왜 의료 선교사가 필요한지, 자신이 왜 의사가 되어야만 하는지를 말했습니다.

마침내 공부를 마치고 셔우드 홀이 다시 한국에 돌아왔을 때, 결핵은 국민 병이 되어 있었습니다. 네 사람 중에 한 사람이 결핵에 걸려 있을 정도로 온 나라에 결핵 환자가 가득했습니다. 셔우드 홀은 황해도 해주시에서 병원 사역을 시작하고, 결핵 환자를 위해 요양소를 세웁니다. 그러나 결핵 요양소는 많은 환자를 수용하기 힘들었고, 치료비가 비쌌기 때문에 많은 자금이 필요했습니다.

끝까지 포기하지 않는 어머니 로제타 선교사의 신앙을 보고 자라난 셔우드 홀은 힘들고 어려운 시기가 찾아왔을 때도 절대 포기하지 않았습니다. 하나님이 보시기에 선한 일이라면 분명히 하나님이 함께해 주시리라 믿었습니다.

그는 요양소 운영비도 마련하고 결핵의 심각성을 계몽하기 위해 '크리스마스 씰'을 만들기로 합니다. 먼저 한국 사람들에게 가장 친근감 있는 그림을 찾다가 고심 끝에 '거북선'을 생각했습니다. 그는 조선 민족의 우수성을 드높인 상징물로 거북선을 생각해 내고 쾌재를 불렀습니다. 주위의 반응 역시 좋았습니다.

하지만 그때는 일제강점기였습니다. 일본에게 거북선은 치욕 그자체였으니, 허락할 리 없었습니다. 그래서 결국은 크리스마스 씰의 그림을 남대문으로 바꿀 수밖에 없었습니다. 그렇게 애쓴 끝에 1932년 12월 3일, 크리스마스 씰이 최초로 발행됩니다.

하루 한 끼로 끼니를 때우고 먹고 살기도 어려운 판에 그의 좋은 의도를 이해하고 크리스마스 씰을 사주는 사람은 많지 않았습니다. 하는 수 없이 학교와 교회들을 찾아다니며 알렸고, 해외에도 백방으로 홍보한 결과 어느 정도의 자금을 마련할 수 있었습니다.

선교사 추방령

이제 어느 정도 선교의 기틀이 잡히는가 싶더니 이내 태평양 전쟁이 일어났습니다. 미국과 일본의 전쟁으로 1940년 일본은 우리나라에 있는 모든 선교사들을 강제로 추방합니다.

셔우드 홀 선교사도 예외일 수 없었습니다. 말도 안 되는 구실로 스파이 누명을 씌우고 징역에 벌금 5000엔을 내라고 합니다. 처음엔 집과 가재도구를 팔아서 버텼습니다. 하지만 일제는 한 사람의 선교사도 남기지 않고 모두 추방했습니다. 그래서 1932년부터 1940년까지 9차례에 걸쳐 발행되었던 씰은 발행을 중단할 수밖에 없었습니다.

갑자기 조선을 떠나게 된 셔우드 홀은 차마 발걸음이 떨어지지 않았습니다. 아내와 함께 세 아이를 데리고 조선에서 쫓겨났지만 고향으로 돌아가지 않았습니다. 조선의 상황이 여의치 않다고 해서 사역을 끝낼 수 없었기 때문입니다. 그는 인도와 파키스탄 국경 지역에서 선교사의 삶을 이어갑니다. 그리고 아버지와 어머니에게서 들은,

양화진 선교사 묘지에 묻혀 있는 셔우드 홀. 제임스 홀과 로제타의 아들로 1893년 11월 10일 서울에서 태어나 의료 선교사로서 한국인들의 질병 치료와 결핵 퇴치, 계몽을 위해 헌신했다. 그러나 1940년, 일제 시대 일본인들에 의해 국내에서 추방을 당해 한국을 떠났다.

그리고 자신이 겪어 왔던 진정한 조국 한국을 회상하며 한국에 관한 책을 한 자 한 자 적어 갑니다.

은퇴 후, 셔우드 홀은 캐나다에서 남은 여생을 보냅니다. 그리고 캐나다에 유학중이던 김동열이라는 청년이 그 책을 번역했습니다. 그 책을 보고 은혜를 받은 결핵협회 원장이 셔우드 홀 가족을 수소문했습니다. 셔우드 홀은 자신이 창설했던 결핵협회와 그의 아버지 제임스 홀이 세운 광성고등학교의 초청을 받아 1984년 91세의 나이로 아내 메리안과 함께 한국 땅을 밟습니다. 1940년 일본에 의해 조선에서 강제추방당한 뒤 처음으로 한국에 발걸음을 내딛게 된 것입니다. 셔우드 홀 부부의 감회는 남달랐습니다.

거동이 불편한 셔우드 홀 선교사는 휠체어에 몸을 의지하여 양화진 선교사 묘지에 묻혀 있는 부모님의 묘를 찾았습니다. 아버지 제임스 홀의 이름과 어머니 로제타 선교사의 이름을 보면서 그는 눈물을 주체하지 못했습니다. 2년 만에 남편을 이 땅에 묻고, 세 살 된 딸 에디스를 묻고, 손자의 죽음까지 지켜 본 어머니, 한평생 이 땅을 섬기고 가신 어머니의 이름 앞에서 그는 한없이 울었습니다.

저는 여전히 한국을 사랑합니다. 우리도 죽으면 우리를 아버지의 고향 캐나다에도 어머니의 고향 미국에도 묻지 마십시오. 내가 태어나서 자란 곳, 나의 생애를 다 드린 이곳에 나를 묻어 주십시오. 일본 사람에게 추방당해서 인도에 갔을 때에도 단 하루도 잊지 않고 눈물로 기도했던 나의 조국 땅에 우리를 묻어주세요. 우리가 은퇴해서 캐나다에서 쉬고 있을 때도 한국의 장롱과 고무신을 가져가고 한국의 유품을 벽에 걸어놓고 단 하루도 잊지 않고 눈물로 기도했던, 내가 태어나 자라난 땅, 나의 생애를 다 드린 나의 조국 땅에 우리를 묻어 주시기 바랍니다.

셔우드 홀은 98세로 하나님께 부르심을 받았고 5개월 만에 그의 아내 메리안 선교사도 하나님께 부름받았습니다. 두 분의 유언대로 그들은 아버지와 어머니 그리고 그의 아들과 여동생이 묻혀 있는 묘지 옆에 안장되었습니다.

양화진 선교사 묘지 가는 길

120년 전, 복음 하나 들고 망망한 태평양을 건너온 수많은 선교사님들이 이 땅에 잠들어 있습니다. 양화진 선교사 묘를 갈 때마다 하나님의 사랑으로 눈가를 적시었고, 흐느껴 울었고, 때로는 주체할 수 없는 감동으로 통곡하기도 했습니다.

지금, 그 감동의 현장으로 여러분을 모십니다.

양화진에 최초로 묻힌 선교사, 존 헤론

양화진 선교사 묘는 작은 보도로 되어 있습니다. 정상에서 교회 건물과 연결된 길을 따라 가면 셔우드 홀의 비석이 있고, 그것을 바라보는 오른쪽 묘가 존 헤론 선교사의 묘입니다. 존 헤론 선교사는 테네시 종합의과대학의 교수로 내정되어 있었지만 우리 민족을 가슴에 품고 아내와 함께 태평양을 건너와 의료 선교사로 많은 일들을 했습니다. 1890년 7월 26일 여름, 조선에 온 지 5년 만에 풍토병으로 쓰러져 양화진 선교사 묘지에 최초로 묻히게 되었습니다.

선교사의 자녀들의 묘지

존 헤론 묘에서 왼편으로 돌아서 아래쪽으로 내려가면 오른쪽 담장 옆에 유난히 작은 묘들이 있습니다. 부모를 따라 이 땅에 태어나 풍토병으로 목숨을 잃은 선교사들의 귀하고 사랑스러운 자녀들입니다. 선교사들은 자녀를 눈물로 묻으며, 목숨이 다하는 그날까지 이 민족을 섬겼습니다.

유아 묘 옆에는 에비슨 선교사님의 묘가 있고 에비슨 선교사님의 묘를 담 쪽을 바라보고 왼쪽으로 10m정도 가면 언더우드 선교사님의 가족묘가 나옵니다.

언더우드의 묘지

언더우드 선교사의 가족묘에서 가장 먼저 보이는 묘는 언더우드의 아들 원한경(Horace Horton Underwood)의 묘지입니다.

원한경은 연세대학교 총장으로 있던 시절, 부인인 에델 반 바그너 선교사를 잃었습니다. 그에게 한국은 공산당의 총에 맞아 죽은 아내를 떠올리게 하는, 가슴 저리는 곳이었습니다. 그런데 한국에 6.25전쟁이 일어났다는 소식을 듣고 다시 한국으로 향했습니다.

"하나님, 이 나라는 공산화가 되면 안 됩니다. 이 나라가 공산화되면 예수 믿는 사람들은 다 죽게 됩니다."

원한경은 육순의 나이에도 부산에서 통역관으로 불철주야 사역하다 피로가 겹쳐 세상을 떠났습니다. 그리고 양화진 선교사 묘지에 묻히게 되었습니다. 그 앞에는 언더우드 1대와 그의 아내 홀튼의 묘가 있습니다. 언더우드(원우드) 선교사는 발진티푸스 병이 악화되어 1916년 4월 미국에서 세상을 떠났습니다. 얼마 전까지도 언더우드 1대 묘는 뉴욕에 있다가 언더우드 후손과 연세대학교의 배려로 이장하여 홀톤과 합장했습니다. 4대에 걸친 언더우드 가의 헌신적인 삶이 있었기에 120년의 짧은 기독교 역사 속에서 우리나라에 복음이 자랄 수 있었을 것입니다.

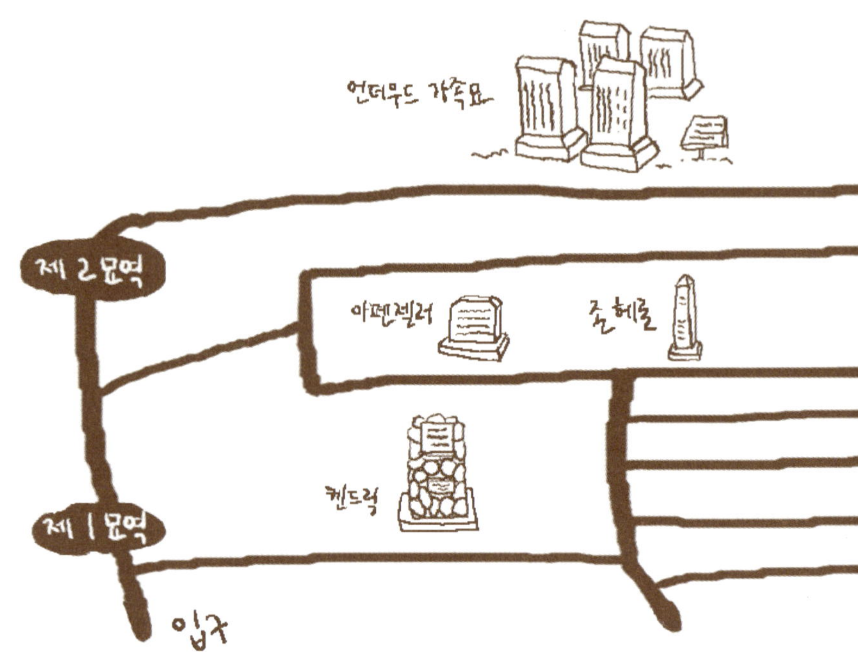

아펜젤러의 가족묘

언더우드 선교사의 묘를 등지고 앞을 보면 언덕 위쪽으로 올라가는 작은 길이 보입니다. 그 길을 따라 정상에 올라가면 왼쪽으로 아펜젤러의 가족묘가 나옵니다.

헨리 다지 아펜젤러는 아버지의 뒤를 이어 배재학당에서 인재를 양성했고, 6·25전쟁 중에는 우리나라에 구호물자가 들어오도록 했습니다. 그는 노년이 되어 죽음을 앞두고 양화진 선교사 묘지에 묻어 달라는 유언을 남겼습니다. 시신도 찾지 못하고 실종된 아버지를 기억하기 위해서였습니다. 헨리의 깊은 뜻을 헤아린 배재학교 동문들은 헨리 다지 옆에 아버지 아펜젤러의 기념비를 세워 주었습니다. 헨리 다지의 누나이자 우리나라에서 태어난 최초의 서양 아이, 엘리스 레베카 아펜젤러 1950년 2월 이화여대 예배를 인도한 뒤, 예배 후 하나님께 부름을 받았습니다. 그녀는 동생과 아버지의 묘 건너편에 묻혀 있습니다.

루비 켄드릭 선교사 묘

마지막으로 소개하는 선교사님은 24살로 아주 짧은 삶을 살다 간 루비 켄드릭 선교사입니다. 그의 묘비에는 이렇게 기록되어 있습니다.

내게 줄 수 있는 천의 생명이 있다면
나는 그 천 번의 삶을 한국을 위해 바치겠다

루비 켄드릭 선교사님은 한국에 온 지 8개월 만에 양화진 땅에 묻혔습니다. 그녀의 순교 소식이 그녀의 모교회에 전해졌을 때, 주일 예배는 온통 울음바다였습니다. 목사님은 강대상에서 말을 잇지 못하셨고, 강단 밑에서는 부모님과 함께 교회를 다니던 친구들이 그녀의 죽음을 애도했습니다. 그러나 그녀의 순교는 결코 헛되지 않았습니다. 하나님은 슬픔 가운데 있는 성도들에게 그녀가 이루지 못한 조선 선교에 대한 마음을 주시고, 뒤를 이어 선교사로 나아가게 했습니다.

우리는 어떻게 복음 전달꾼이 되어야 하는가?

우리는 복음을 들을 수 있는 시대에 태어난 복 받은 사람들입니다. 저는 한국 선교를 연구하면서 전에 알지 못했던 새로운 감사를 드리게 되었습니다. 그 감사함이 크게 다가올수록 우리는 선교에 빚을 진 민족이요, 복음에 빚을 진 민족이라는 사실을 새삼 깨닫게 됩니다.

지금으로부터 120여 년 전 조선이라는 한 미전도 종족에 반응한 그리스도인들이 있었습니다. 우리 민족은 그들이 있었기 때문에 복음을 들을 수 있었고, 영원한 생명을 얻을 수 있었습니다. 이렇게 미전도 종족에게 반응하는 그리스도인들을 '세계를 품은 그리스도인'(World Christian)이라고 부릅니다. 그들이 반응한 내용을 크게 세 가지로 나누어 보겠습니다.

첫째는 기도입니다. 우리 민족이 외세에 굳게 문을 닫고 있을 때, 1842년 중국은 '난징조약'을 체결하여 외세에 문을 열었고, 1858년 일본은 '미일수호조약'을 체결하면서 복음에 문을 열었습니다. 그때 중국과 일본에서 사역하던 선교사들은 조선에 문만 열리면 복음이 들어갈 수 있다는 사실을 알고, 각국에 조선의 쇄국정책이 열릴 수 있도록 기도 요청을 했습니다. 이렇게 기도하는 그리스도인을 '무릎 선교사'라고 부릅니다.

지금도 선교사가 들어갈 수 없는 지역이 많습니다. 지금 당장은 그 나라에 들어가서 선교하지는 못해도 우리가 무릎으로 기도의 영역을 세계로 넓힌다면 그 나라도 머지않아 우리나라처럼 복음의 문이 열리게 될 것입니다. 구소련이 70년 만에 문을 열 것이라 생각했던 사람은 아무도 없었습니다. 비록 지금은 여리고 성처럼 견고해 보여도 하나님이 함께하시면 다 무너질 것입니다.

저의 제자 중에 한 명이 V국 선교사로 가 있습니다. 그 나라도 선교의 문이 닫혀 있기 때문에 선교사들이 교회를 세울 수 없습니다. 그래서 직업을 가지고 어렵게 생활하면서 선교의 문이 열리기만을 기도하고 있습니다.

얼마 전 그곳에 계신 선교사들과 이야기를 나눌 기회가 있었습니다. 120여 년 전 우리나라의 예를 들면서 V국의 닫힌 문을 위해서 함께 기도하자고 했습니다. 그날 저는 많은 선교사들이 눈물 흘리며 간절하게 기도하는 모습을 보았습니다.

그 선교사들의 눈물을 보면서 한국 교회 성도들이 이 기도에 함께 동참해 준다면 얼마나 좋을까 생각했습니다. 나 중심의 기도에서 지구촌 곳곳에서 어려움을 당하는 선교사들과 그 선교지의 상황을 품고 기도한다면 우리는 훌륭히 무릎 선교사의 사명을 감당할 수 있을 것입니다.

두 번째는 우리나라에 주신 물질의 축복을 열방에 흘려보내는 것입니다. 이것을 '보내는 선교사'라고 합니다. 일제 식민통치 시절, 일본은 우리나라의 민족의식을 말살하기 위해 화투를 보급했습니다. 일본의 의도대로 우리나라 사람들은 점차 화투에 빠지며 민족의식을 잃어갔습니다. 그런데 이상하게 민족의식이 사라지지 않는 곳이 있었습니다. 바로 미션스쿨이었습니다.

일제는 미션스쿨을 폐교하기로 결정했습니다. 폐교 사유를 묻는 선교사들에게 일제는 시설 부족이라는 말도 안 되는 이유를 붙였습니다. 광주에 있는 멕퀸 선교사는 그 안타까운 소식을 본국의 성도들에게 알리고 기도를 부탁했습니다.

"여러분의 정성으로 시작한 학교가 시설 부족이라는 이유로 폐교당했습니다."

이 소식을 들은 스턴스 부인은 남편에게 이야기를 꺼냈고 그의 남편은 얼마 전에 죽은 동생의 이름으로 엄청난 기금을 보냈습니다. 멕퀸 선교사는 스턴스 부인의 동생의 이름을 따서 학교 이름을 '스피어'라고 지었습니다. 그 이름이 후에 한문 표기되면서 수피아라고 불리게 되었습니다.

광주 양림동에 있는 수피아여고는 그렇게 세워진 것입니다. 군산에 있는 영광여고도 해외의 많은 크리스천들이 금식하며 보내준 헌금으로 세워진 학교입니다. 이렇듯 현지에 나가 있는 선교사들의 사역 뒤에는 본국의 '보내는 선교사'의 눈물의 헌신이 있었습니다.

세 번째는 선교의 비전을 가지고 세계로 나아가야 합니다. 미전도 종족이 예수를 믿으려면 복음을 들을 기회가 있어야 합니다. 저는 이 땅에 목숨 걸고 찾아오신 젊은 선교사들을 연구하면서 마음속으로부터 깊은 존경심을 갖지 않을 수 없었습니다.

가는 선교사는 무릇 선교사와 선교 헌금으로 후원하는 보내는 선교사보다 더 많은 희생과 헌신이 따라야 합니다. 그래서 저는 그 분들의 삶을 영광스런 선교사의 삶이라고 부릅니다. 선교사의 삶은 영광의 길입니다. 이 생(This Life)에서 가장 하늘의 상을 많이 쌓을 수 있는 길이기 때문입니다.

저는 전 세계에 흩어진 한인 교회와 한국 교회에서 집회를 인도하면서 한인 교회와 한국 교회의 저력을 보았습니다. 그 안에는 소망이 있었습니다. 그런데 한 가지 바람이 있다면, 교회의 부흥과 성장의 목적이 분명해야 한다는 것입니다.

역사적으로 부흥과 선교는 언제나 함께 걸어왔습니다. 부흥 없는 선교도 없고, 선교 없는 부흥도 없었습니다. 윌리엄 캐리가 영국을 떠나 인도로 가기 전, 영국은 웨슬리 형제가 일으킨 큰 부흥이 있었습니다. 아도니람 저드슨이 미국에서 미얀마로 선교사로 갈 때도 미국에는 조나단 에드워드, 조지 휫 필드 같은 위대한 설교자들을 통해서 대각성운동이 먼저 있었습니다.

한국 교회가 최근 선교의 바람이 일어난 것은 한국 교회 안에 그동안 끊임없는 부흥의 여정이 있었기 때문입니다. 부흥은 끊임없이 일어나야 합니다. 그 부흥의 불길로 성장이 이루어져야 하고, 열방 (All Nations)으로 옮겨져 타올라야 합니다. 그렇게 함으로써 교회는 선교의 사명을 감당해야 합니다. 선교에 분명한 목표(Goal)를 둔 교회와 성도는 결코 흔들리지 않습니다.

이 책을 읽고 난 모든 그리스도인들이 복음 전달꾼으로서 선교 마인드를 찾아 하나님을 시원케 하는 분명한 선교의 비전을 갖기를 기도합니다.

세계선교공동체(World Mission Community)는 선교에 대해 무관심
한 그리스도인에게 미전도 종족을 향한 주님의 마음을 전하여 선교의
반응을 일으키는 선교 동원(Mission Mobilization) 선교회입니다.
02)738-8660, www.wmc.or.kr

사진 제공

광주기독병원

광주숭일중고등학교

대구계성고등학교

부산진교회

새문안교회

세브란스병원

양화진선교회

연세대학교 언더우드 기념관

전주서문교회

한남대학교

호남신학대학교